철학이라는 해독제

3 MINUTES DE PHILOSOPHIE POUR REDEVENIR HUMAIN
by Fabrice Midal
© Flammarion/Versilio, 2020
www.fabricemidal.com
All rights reserved.

나는 무엇으로 회복하는가

철학이라는 해독제

파브리스 미달 지음

이세진 옮김

쿨레이하우스
CLAYHOUSE

철학은 우리 등을 떠민다. 철학은 우리 마음이 내처 편안하도록 놔두지 않는다. 이것이 우리가 이토록 근본적으로 철학을 필요로 하는 이유다.

독단주의가 판치는 오늘날, 철학은 해독제로서 더욱 절실하게 필요하다. 전문가들의 담론은 차고 넘친다. 모든 것을 이해하고 모든 것을 안다는 자, 우리에게 그런 인상을 심어주는 자는 널리고 널렸다.

모든 철학자의 아버지 소크라테스는 외려 자신은 아무것도 알지 못한다고 힘주어 말했다. 그는 광장에 가서 아무에게나 삶과 직업, 취향을 물어보곤 했다. 소크라테스는 우리를 가르치러 오지 않았다. 그는 자기는 아무것도 모르고 '현자'도 아니라고 했다. 지혜라는 자질이 존재한다면 오직 신들에게만 해당하는 자질일 거라고 했다. 우리는 신이 아니다. 그러므로 지혜를 추구해봐야 소용없다. 그저 인간으로 살자. 그게 우리한테 득이 된다.

철학은 이것을 익히 알기에 우리에게 '현자'처럼, 신과 같이 완벽한 존재로서 살라 하지 않고 우리의 인간다움과 조화를 이루며 살라고 권한다. 그래서 소크라테스는 과감하게 질문 공세를 펼쳤다. 이견의 여지 없이 당연해 보이는 것들을 다시 생각해보게 했던 것이다.

더러는 짜증을 냈지만 어떤 이들은 그러한 방식이 훌륭하다고, 심지어 꽤 즐겁다고 생각했다. 드디어 참된 말로써 자극을 주는 사람이 나타났구나. 우리가 더 제대로 보게끔. 감각하고, 욕망하고, 사유하고, 사랑하는 **우리**의 능력을 다시 믿을 수 있게끔.

우리가 철학에서 배워야 하는 것이 여기에 있는

까닭이다. **우리의 경험은** 지정 수고를 들여 탐색할 가 치가 있다.

전문가는 자기 말을 듣고 자기가 시키는 대로 하라고 한다. 반면 철학자는 우리에게 우리 스스로 생각하라고 한다.

몇 년 전부터 나는 새로운 형태로 나타난 일상의 폭력들에 주목해왔다. 그러한 폭력들은 우리를 짓누르고 우리의 고귀한 인간다움, 우리의 계획, 우리의 신념, 우리의 열망과 단절시킨다.

여러분이 의사, 간호사, 제빵사, 변호사, 사회복지사, 그 외 어떤 직업에 종사하든 상관없이 나와 비슷하게 느낄 것이다. 사회적, 정치적, 경제적 이유를 앞세워 마땅히 할 만한 것을 못 하게 하는 요구가 너무도 많다. 그래서 우리는 늘 충분히 노력하지 않았다는 죄책감을 느끼고 우리의 소중한 삶을 위험에 몰아넣기에 이르렀다. 그 증거로, 이를테면, 현재 **번아웃**에서 비롯되는 극심한 손실을 보라.

철학은 우리에게 더 침착해지라고, 로봇이나 알고리즘처럼 완벽을 추구하라고 하지 않는다. 철학은

철학이라는 해독제

그런 식으로 일상의 폭력과 야만을 부추기지 않기 때문에 우리를 도울 수 있다.

이런 이유로 나는 여러분에게 3분만 시간을 내어 이 책의 한 장을 읽고 다시 인간으로 돌아가는 경험을 해보라고 권한다. 여성, 남성, 나무, 강, 존재하는 모든 것을 죄다 관리하고 개발해야 할 자원으로만 보는 비인간적인 수익제일주의에서 벗어나보기를 권한다. 철학이 특별한 이유는 본연의 인간으로서 우리에게, 우리가 실제로 맞닥뜨리는 상황에 말을 걸기 때문이다. 같은 직장의 누구 때문에 도저히 살 수가 없을 때, 아이가 예고 없이 친구들을 우르르 몰고 와서 냉장고를 싹 털어버렸을 때…. 점점 더 추상적으로 변해가는 세상에서, 철학은 차라리 구체적이다.

나는 소크라테스의 정수(精髓)에 충실한 문장들을 골랐다. 그래서 이 책에 인용된 저자들은 이정표가 잘 마련된 철학의 국한된 길 위에만 있지 않다. 철학은 흔히 그것이 있다고 생각하는 곳에 있지 않다. 바로 그 이유로, 철학은 이토록 요긴하고 아름답다.

목차

인간다움의 의미

66 인간적이라는 말은
본질적으로 완벽을
추구하지 않는다는 뜻이다. 99

_조지 오웰

○
○
○
●

그저 인간이면 된다

오웰의 이 문장은 단순히 세상에 완벽은 없다고 인정하라는 말이 아니다. 그는 완벽의 추구가 인간다움의 의미를 외면하는 것임을 이해하라고 말한다.

이 말은 당황스럽다. 수백 년 전부터 어느 사상적 흐름은 완벽한 상태를 지향하라고 하지 않았나. 일종의 초연, 혹은 우리 존재 전체를 이성의 지배에 맡긴 상태를 추구해야 하는 것 아닌가.

다들 좀 더 완벽하지 못했던 것에 문득 후회가 들

지 않는가. 그때 조금만 더 잘했으면 훨씬 더 행복해졌을 거라고 생각하지 않나.

인생이 아름다운 이유

여러분이 매우 괜찮다고 생각하는 사람 앞에서 물색없는 말, 혹은 상스러운 말을 해버렸다 치자.

예를 들어, 여러분이 기혼 남성이라 치자. 처가 식구들과 함께 밥을 먹는 자리에서 얼굴도 훈훈하고 마음씨도 착한 처남에게 면박을 줘버렸다. 처남이 여러분과 정치적 견해가 다르다는 이유로 전부터 좀 마뜩잖게 생각하고 있었기 때문이다.

지금은 그 일이 후회가 된다.

잘하고 있다! 여러분은 지금 실존과의 관계에 좀 더 깊이 들어온 것이다.

늘 정의롭고 한 치 틀림 없는 완벽한 존재의 이상에서 벗어났다고 자책하는 대신 자기 마음의 어두운 심연을 솔직하게 마주하지 않았는가. 그렇게 해야만 자기 자신과 진짜 정을 돈독히 쌓게 된다.

여러분은 때때로 서툴게, 부적절하게, 가끔은 좀 바보같이 행동한다. 사실이 그렇다.

위대한 작가를 만드는 특징이 무엇인지 알고 있는가?

모든 인간의 내면에 있는 지질하고도 못난 모습을 보여주는 능력이다. 도스토옙스키나 프루스트는 그런 면에서 천재였다. 그들은 우리의 기만, 비겁함, 질투…, 그 모든 것이 빚어내는 우여곡절을 적나라하게 폭로했다.

그들은 잔인함이나 절망감 때문에 그런 작품을 쓴 게 아니다. 우리 삶의 근본적인 현실을 이루는 것을 파악하기 위해 글을 썼다. 그래서 우리는 인생이 참 복잡하고 어렵구나, 라면서 안도하고 되레 인생의 아름다움을 느끼기도 한다.

형편없는 작가들은 감정의 표면에서 더 깊이 들어가지 않는다. 때때로 그들은 행복의 거짓 약속으로 우리를 숨 막히게 한다.

우리의 선입견과는 달리, 위대한 작가들은 오히

철학이라는 해독제

려 인간에게 대책 없이 정이 많아서 인간을 모든 면에서 바라볼 수 있다. 어지간한 작가들은 그게 안 된다. 결국은 두려움 때문이다. 그들은 진짜 삶이 두렵다. 자기 마음이 두렵다.

실금 간 도기에 대한 명상

하지만 어떻게 해야 자신의 불완전함과 사이좋게 지낼까?

여러분이 좋아하는 사람을 떠올려보라. 그 사람의 결점과 상처를 생각해보라.

그런 것들이 그 사람의 삶을 옭아매는 것이 아니라 되레 아름답게 한다고 생각하라.

일본의 도예 명인들을 생각해보라. 그들은 사발 하나를 만들고 나서 흠을 하나 더한다고 한다. 작품을 망치거나 욕되게 하기 위해서가 아니라 깨지기 쉬운 도기의 특성, 겸손의 미를 그런 식으로 강조하는 것이다.

불완전함을 알아야만 다른 사람들에게도 관용과
배려를 베풀 수 있다.

철학이라는 해독제

한겨울 안의 여름

66 한겨울에
   내 안에서 정복되지 않는
   여름을 발견했다. 99

_알베르 카뮈

○
○
○
●

상대적으로 생각하기

우리는 으레 겨울 다음에 여름이 오고, 고통 다음에 기쁨이 오고, 비가 내린 다음에 해가 나온다고 생각한다. 지금은 힘들고 괴롭지만 걱정하지 말자, 언젠가는 나아질 테니, 늘 이런 식이다.

보통은, 그런 것을 지혜로운 자세라고 생각한다.

나는 그걸로는 부족하다고 본다. 사실, 뭐든지 상대적으로 생각하는 법을 배워야 한다.

카뮈는 그런 점에서 완전히 다른 관점을 열어준

다. 한겨울에도, 온통 얼어붙고 생기 없는 와중에도, 눈부시게 떠오르는 여름을 알아보는 법을 배우라고 하니 말이다.

그러한 가능성은 좀체 이야기되지 않는다. 그 자체로 행복하거나 불행한 사건은 없고, 사건 하나하나에는, 우리 생의 매 순간에는, 더 깊이 들어가는 차원이 있음을 깨달아야 한다. 위대한 문학은 바로 그런 차원을 말한다.

사랑하는 할머니를 떠나보내고

나도 할머니가 돌아가셨을 때 이런 경험을 했다. 나는 할머니를 참 좋아했다. 할머니는 연세가 아주 많으셨다. 돌아가실 날이 머지않았음을 모두 알고 있었다.

어느 날 아침, 이모가 나에게 전화를 했다. 할머니가 얼마 안 남으신 것 같다고. 병원에 갔더니 가족들이 와 있었다. 병원 복도에서 목소리를 낮추어 애기를 주고받았다. 분위기가 어두웠다. 한 넋씩 교대로, 무거운 발걸음으로 병실에 들어갔다. 그러고는 녹초가 되어 나왔다.

내 차례가 되어, 두려운 마음으로 들어갔다.

옆에 앉아 오래오래 할머니 곁을 지켰다.

할머니의 어진 마음이 느껴져서 나 자신도 놀랐다. 내가 어릴 적에 할머니는 늘 내 곁에 계셨다. 온종일 병실을 지키는데 뭔가 마음이 절절하면서도 평화로웠다. 시련 속에 계신 할머니를 내가 붙잡아드리는 것 같았다.

할머니가 돌아가시는 것은 당연히 슬펐다. 그렇지만 그 한겨울 속에서 할머니가 늘 내게 아낌없이 쏟아부어 주신 아름다운 사랑을 느꼈다. 그 사랑이 특별히 가슴 저미게 떠올랐다.

그때는 내 인생에서 가장 중요한 순간 중 하나다. 그때 받은 힘과 믿음이 지금도 나와 함께한다.

철학이라는 해독제

내 안의 비밀 친구를 만나기 위한 명상

하지만 우리의 일상에서 그런 발견이 어떻게 가능할까?

한겨울에 햇살 한 줄기만 찾으면 될 일이 아니라 정복되지 않는 여름, 결코 우리를 떠나지 않을 여름을 찾아야 한다. 겨울을 뒤덮거나 대신하진 못해도 우리 안에는 항상 있을 여름을.

그 여름은 우리가 좋아하지만 오랫동안 잊고 지냈거나 한참 전에 교류가 끊어진 친구와 같다. 그 친구는 여러분 안에, 마음속에, 가슴속에, 세포 하나하나 안에 산다.

그 여름은 인생에서 배운 모든 것에 관한 기억으로 이루어져 있다. 그 여름은 우리의 할머니, 혹은 그 누군가가 우리에게 주었던 사랑이다.

이제 우리는 잊었던 친구에게 이렇게 말하며 손을 내밀 수 있다.

"그동안 소홀히 했던 네게 돌아왔어. 너는 처음으로 내 편이 되어준 사람이야. 너하고 사이좋게, 서로 믿고 의지하면서 지내고 싶어."

　나는 너를 전적으로 믿는다.

　나 자신보다 큰, 내 안의 여름인 너에게 나를 온
전히 맡긴다.

돌에서 피어난 꽃

66 돌이 녹아
　　마침내 꽃을 피울 때다. 99

　_파울 첼란

o
o
o
●

나를 열어놓는 법을 배우자

닫힌 것은 어떻게 열리는가?

죽은 듯 보이는 것이 어떻게 살아날 수 있는가?

20세기의 가장 위대한 시인 중 한 사람인 파울 첼
란은 우리에게 그것을 알아야 한다고 말한다.

언뜻 보기에도 범상치 않은, 그저 비현실적인 약
속이다.

돌을 생각해보라. 돌은 단단하고 변하지 않는다.
돌이 꽃을 피울 일은 절대로 없다.

하지만 너무 앞서 나가진 말자. 파울 첼란은 조금만 주의를 기울이면 되는 심오한 경험을 우리에게 제안할 뿐이다.

잠들지 못하는 이유

이게 무슨 말인지 이해하기 위해 잠에 드는 과정을 생각해보자.

여러분도 도통 잠을 이루지 못한 적이 있는가? 불면증을 겪어보았는가? 그렇다면 **자고 싶다고** 잘 수 있는 게 아니라는 걸 알 것이다. 아니, 잠은 간절히 원할수록 좀체 오지 않는다.

그럴 때면 결코 꽃을 피울 수 없는 돌이 된 듯한 기분이 들 것이다.

잠이 들려면 자신의 몸을 온전히 믿어야 한다. 몸은 잠을 원하는데 의지가 몸을 붙들어서 잠이 오지 않는 것이다.

이게 핵심이다!

하지만 우리는 오히려 의지가 더 필요하다고 잘못 생각하고 있다.

우리가 불안하다면 그 불안을 멈추기 위해 뭔가가 필요할 거야.

우리가 뭔가에 중독되어 있다면 그 중독을 끊기 위해 의지를 발휘해야 할 거야.

우리가 계속 미루고 늦장 부리는 버릇이 있다면 그건 의지가 부족해서야.

아니, 그런 생각은 완전히 틀렸다.

그래서 파울 첼란은 우리 고통의 돌 속에 깃들어 있으나 눈에 보이지 않는 바로 그 꽃에 우리 자신을 **맡겨보라고** 하는 것이다.

이 발견은 아주 많은 영역에 적용될 수 있다.

세잔은 오랫동안 묵직한 그림을 서툴게 그리는 화가였다. 그는 훗날 자신의 이 시기를 가리켜 "투박함의 시대"라고 했다.

그러다 어느 날 돌이 꽃을 피웠다.

아무도 이유를 알지 못했다. 세잔은 그저 그림에 온전히 자기를 맡겼다.

돌에게 불가능한 일이 일어나는 때. 깃들지 못하던 곳에 생명이 깃드는 때. 막혀 있던 것이 풀리는 때. 그러한 때는 인내와 신뢰 없이 오지 않는다.

신뢰에 대한 명상

여러분도 그렇게 되고 싶은가?

어렵지 않다. 잠시, 여러분이 아무것도 모른다는 사실에 동의하라. 여러분이 아무것도 결정할 수 없다고. 그냥 여러분의 현주소, 지금 그대로의 모습에 동의하라.

이처럼 동의하는 자세를 우리는 소홀히 하기 쉽다. 생이 제 할 일을 하게끔, 우리에게 알아서 다가오게끔 하라. 살이 베였다면 상처가 아물 때까지 기다려야만 한다. 이것이 신뢰다. 처음에는 왜 이 자세가 필요하다는 건가 싶을 수도 있다.

그러나 이 과정을 통과해야만 절대적으로 확신할 수 없는 그 무엇에 자신을 맡기는 요령을 발견한다.

상대가 하는 말을 신뢰하지 못하는 이유는 나에게 절대적인 확신이 없기 때문이다.

그리고 인생이 아름다운 것은 신뢰가 있기 때문이다.

철학이라는 해독제

아이의 마음

66 현자들이 아니라
어린아이들 가운데서
본받을 이를 찾아야 한다. 99

_에밀 시오랑

○
○
○
●

현자가 될 생각 따윈 그만

현자 하면 자기를 지배한 사람, 흥분해 날뛰는 법이 없는 사람으로 생각하기 쉽다.

이러한 생각은 상당 부분 스토아 철학자들에게서, 특히 현자의 이상처럼 그려지곤 하는 에픽테토스에게서 왔을 것이다. 유명한 일화가 있다. 에픽테토스는 노예 신분이었는데 주인이 그의 불편한 다리를 잡고 비틀었다.

에픽테토스는 "계속 그러면 부러집니다"라고 말

했다.

주인은 그래도 막무가내였다. 에픽테토스는 아프다고 소리 한 번 지르지 않았고 끝내 다리가 부러지자 이렇게만 말했다. "내가 부러진다고 했잖아요." 그는 끝까지 차분하고 의연하며 덤덤했다!

글쎄, 나는 그토록 지독한 지혜는 믿지 않는다. 그런 지혜는 벗어던질 때다!

에픽테토스는 차라리 비명을 질렀어야 하지 않을까. 그랬으면 다리는 부러지지 않았을지도 모른다. 머저리 같은 주인도 그가 비명을 질렀다면 고문을 멈췄을지 알 게 뭔가.

샘이 나 죽겠어도 괜찮다

옆 사람이 복권에 당첨됐는데 상금이 꽤 크다고 자랑을 하는 상황을 상상해보라. 혹은, 직장 동료가 당신이 받고 싶어 했던 바로 그 성과급을 차지했다고 상상해보라.

샘이 나는 것도 당연하다.

그런데 샘을 낸다는 게 왠지 부끄럽다. 아무렇지
도 않을 줄 알았는데!

내가 이런 사람이었나!

여러분이 샘이 나지 않는다고 해서 현자인 것은
아니다. 오히려 사이코패스일 가능성도 있다.

어떤 감정을 느껴야 한다, 느껴서는 안 된다, 라
는 생각은 잘못이다. 심지어 도덕적인 잘못이다.

감정이 오라면 오고 가라면 가던가. 감정에는 정
답이 없다. 어떤 감정이든 그 자체로는 아무 잘못이
없다. 중요한 것은 우리가 그 감정에 어떻게 대처하
느냐다!

그러므로 시오랑이 옳다.

"현자들이 아니라 어린아이들 가운데서 본받을
이를 찾아야 한다."

아이들은 어떠한가? 아이들은 자신들이 하는 경
험과 직접적인 관계를 맺는다. 아이들은 감정을 검열
하지 않는다. 슬픔을 검열하지 않는다. 아이들은 감
정을 있는 그대로 표현하고 뒤끝 없이 바로 다른 일

로 넘어간다.

평화를 원한다면 자신의 감정을 차단하지 말고 잘 탐색해보라.

자기 감정에 대한 명상

이제 가벼운 연습을 해보자. 이 연습은 두 단계로 이루어진다.

첫 단계는 자신의 감정을 들여다보는 것이다. 감정을 분석하지 말라. 그냥 느껴지는 대로 느껴보라. 편안하면 편안한 대로, 스트레스를 받으면 스트레스를 받는 대로, 기쁨과 슬픔을 가리지 말고 있는 그대로. 어떤 감정을 느끼느냐는 별로 중요하지 않다.

다음 단계는 어떤 행동으로 그 감정을 표현할 수 있는지 알아보는 것이다.

여러분에게 팁을 주자면, 아이를 상상하라. 신이 나서 엄마 목을 덥석 끌어안는 아이. 속상해서 엄마 품에 뛰어드는 아이. 화가 나서 발을 구르는 아이.

그렇다고 아이와 똑같이 행동할 필요는 없다. 가벼운 포옹이나 손을 잡는 정도로 충분하다. 이런 식으로 좀 더 온전하게, 좀 더 깊이 여러분이 느끼는 바대로 살아보자. 감정에 형태를 부여하자. 두고 보면알 것이다, 이게 얼마나 이로운 효과가 있는지! 여러분은 자유로워질 것이다. 그리고 알게 되리라. 행복해지기 위해 굳이 초연해질 필요는 없음을. 자기 마음을 외면할 필요는 없음을.

살아 움직이는 욕망

❝목마름으로 물을 배운다.❞

_에밀리 디킨슨

○
○
○
●

지식으로는 충분치 않다

나는 지식으로써 물에 대한 여러 가지를 배웠다. 그러나 가장 중요한 것은 배우지 못했다.

그것은 오직 경험으로만 배울 수 있다.

실은, 항상 그렇다고는 할 수 없다.

경험이 나를 속일 때도 있기 때문이다. 나는 경험이라는 친구가 거짓말을 한다는 것을 느낄 수 있다. 혹은, 내가 틀렸을 수도 있다. 우리는 자주 선입견에 사로잡힌다. 온갖 형태의 인종차별주의를 보면 알 수 있듯이.

간절히 욕망해보았는가?

그때 여러분은 어떻게 했는가?

에밀리 디킨슨, 이 여성 시인의 말을 들어보자. 시인은 물에 손을 담그기만 해서는 안 되고 목마름을 느껴야만 물을 알게 된다고 말한다.

무엇인가를 원한 적이 있는가?

여러분이 이미 아는 것인가?

간절히 원하면 그것으로 나아가는 문이 열린다.

이런 의미에서, 욕망은 참으로 위대한 선생이다.

안타깝게도 지금의 선전이란 선전은 전부 우리가 원하는 것을 가져야만 행복해지는 것처럼 떠벌린다. 우리가 꿈꾸는 경험을 모두 해봐야 행복해지는 것처럼 말한다. 아니, 그렇지 않다. 그렇게 살면 오히려 불행해진다.

그래서는 욕망이 더 이상 날아오르지 못한다.

우리는 우리가 배울 수 있는 것을 착각한다.

에밀리 디킨슨, 19세기 말에 미국 매사추세츠주에 처박혀 살면서도 영문학사에서 가장 중요한 작품들을 썼던 이 젊은 시인은 오랫동안 잊혔던 그리스 철학의 직관을 되찾는다.

사랑의 신이자 욕망의 신인 에로스는 페니아(가난)와 포로스(풍요)가 결합해 낳은 아들이다.

에로스는 어머니를 닮아 수척하고 집도 절도 없는 무일푼이다.

그렇지만 아버지를 닮아 늘 아름답고 좋은 것을 추구하고 지식을 얻길 원한다.

욕망의 의미를 밝히 드러내는 방식으로는 참 절묘하지 않은가. 욕망이란 나에게 근본적으로 부족한 것을 발견하고 그것을 찾아 나서는 것이다.

플라톤은 그러한 욕망 혹은 사랑을 철학의 정의로 삼기까지 했다. 무게를 달아 파는 흐물흐물한 지혜를 추구하기보다는 열렬한 욕망에 사로잡히기를. 그 욕망으로 살아 움직이기를.

철학이라는 해독제

진정한 욕망을 발견하기 위한 명상

하지만 우리를 깨우고 우리 마음 깊은 곳에서 필요로 하는 것을 알려주는 이 욕망을 어떻게 알아볼 수 있을까?

그 무엇도 상상하면 안 된다는 점이 어렵다. 우리는 끊임없이 뭔가를 상상하기 때문이다. 오히려 천천히 시간을 두고 나를 부르는 이것이 무엇인지 알아내야만 한다. 나는 무엇에 갈급한가? 내가 온전히 나로 살기에는 너무나 뜨겁게 갈망하는 그것이 과연 무엇인가?

실제로 우리의 진정한 욕망은 오장육부 가장 깊은 곳에서부터 나온다. 그러므로 충분히 시간을 들여 내면의 부름에 귀를 기울여야 한다.

나는 사회, 정치, 종교가 대개 이 뜨거운 불을 끄라고 말한다는 게 놀랍다. 다들 우리보고 잠잠해지라고, 말 잘 듣고 일이나 잘하라고 한다. 너무하는 거 아닌가! 우리를 살아 있게 하는 것은 이글이글 타오르는 이 불, 철학의 고유한 잉걸불이다. 오직 그 불이 모두 문을 연다. 무든 창을 연다.

이 뜨거움 없이는 그 어떤 위대한 것도 이루어지지 않는다!

척 하지 않는 진정성

" 현자 역할을 하기 좋아하는
이들처럼 가식을 부리지 않고
자줏빛 옷을 입은 원숭이처럼,
사자 가죽을 쓴 나귀처럼
거닌다. "

_에라스무스

o

o

o

●

진정성과 사회성의 연결

저마다 세계라는 무대에서 다양한 역할을 소화한다. 하지만 연기를 할 게 아니라 진정한 자기 자신이 되어야 한다는 비판의 소리도 없지 않다.

하지만 내가 연로하신 어머니를 대할 때와 회사 사장님을 대할 때, 혹은 세 살 아들을 대할 때가 각기 다른 모습이어서 얼마나 다행인가.

진정성은 우리가 배우고 구사해야 하는 사회성과 연결될 때에만 의미를 지닌다.

철학이라는 해독제

하지만 우리가 역할을 너무 진지하게 받아들이고 다른 사람들도 그렇게 해주길 바랄 때부터 문제가 불거진다.

자기가 옳다는 확신에 취한 사람들

남편 혹은 아내와 느긋하게 시간을 보내고 있었다. 그런데 대수롭지 않은 일로 실랑이가 시작됐고 결국 대판 싸우고 말았다.

자기가 옳다고 기를 쓰고 증명하려 할수록 상황은 악화된다. 관계는 안중에 없다. 배우자가 물리쳐야 할 적으로만 보인다. 조금 전까지도 두 사람을 이어주던 끈이 온데간데없다. 그냥 저 사람을 이기고 싶은 마음뿐이다. 그래서 논증으로 무장한다. 자신의 원칙으로 무장한다.

상황은 꼬인다. 내가 원했던 건 이게 아닌데.

어떡하면 좋을까?

자줏빛 옷을 걸친 현자 행세는 그만두자.

언제나 자기가 옳이야 찍싱이 풀리는 사자 행세는 그만두자.

우리는 자신이 원숭이나 당나귀에 불과하다는 것을 인정해야 한다. 누구나 마찬가지다. 단지 그 사실을 인정할 준비가 된 자와 눈감고 부정하는 자가 있을 뿐이다.

사람들이 모든 것을 아는 척할 때, 자기가 남들보다 잘났다고 생각할 때, 악은 기회를 놓치지 않고 파고든다.

나는 부부 싸움을 예로 들었다. 에라스무스는 당대에 유럽을 초토화했던 전쟁을 생각하면서 이 문장을 썼다.

실제로 16세기의 종교전쟁은 잔혹하기 짝이 없었다. 저마다 자기 입장에서 한 발짝도 물러서지 않았고 자기가 옳다는 확신에 취해 의견이 다른 사람을 죽일 준비를 하고 있었다.

자기 이미지를 버리기 위한 명상

에라스무스의 정신을 좇아, 이렇게 한번 명상을 해보자.

여러분은 결코 이상적 어머니, 이상적 아버지, 모두가 좋아하는 동료가 될 수 없다. 이 점을 받아들이면 여러분이 반드시 부합해야만 하는 이미지에 매달릴 필요가 없다.

여러분에게는 분명히 어떤 직위, 역할, 책임이 있을 것이다. 하지만 직위, 역할, 책임이 곧 여러분 자신이라고 생각하지는 말라. 그러면 관용을 모르는 팍팍한 사람이 된다.

한 친구가 교사 생활이 쉽지 않기로 소문난 학교로 발령이 났다. 그 친구는 걱정이 많았다. 첫 출근을 한 날, 교직 생활을 오래 해온 선배 교사가 그 친구를 맞아주었다. "어차피 잘 해내긴 힘들 거야."

친구는 그 말을 듣고 마음이 완전히 가벼워졌다고 나에게 털어놓았다.

선배 교사는 절망이나 냉소를 표현한 게 아니었

다. 그 반대다. 뭐든지 잘 해내는 영웅 역할에 집착하는 것보다 마음을 편히 놓아버리는 것이 더 용기 있고 창의적인 자세다! 그럴 때 자신의 가장 좋은 면이 드러난다.

얼마나 신기한가! 가면을 벗어던져라.

철학이라는 해독제

길을 모른 채 걷기

"갈 곳을 알기 위해 걷는다."

_요한 볼프강 폰 괴테

o
o
o
●

모든 것을 계획할 수는 없다

여행을 가야 한다, 차를 중고로 팔아야 한다, 파이를 구워야 한다….

원하는 결과를 확실히 얻기 위해 단계별로 최대한 딱 맞아떨어지는 계획을 세우는 것이 중요할까?

어디로 갈지, 어떤 방법으로 갈지, 어떤 난관이 예상되고 어떻게 극복할지 전부 다 미리 예상하고 싶은가?

일의 종류에 따라서는 이러한 자세가 무척 도움

철학이라는 해독제

이 된다. 하지만 정말로 인간적인 것을 생각한다면 이러한 접근은 틀렸다.

진정한 관계는 어떻게 이루어지는가?

상황을 하나 예로 들어보자. 업무와 관련해서 중요한 약속이 잡혔다. 여러분은 반드시 그 자리에 나가서 어떤 프로젝트를 설명해야 한다.

아니면, 취업 면접이 잡혔다 치자. 혹은 구술시험을 치르는 상황이다.

준비에 만전을 기했다. 해야 할 말을 몇 번이고 연습했다. 모든 가능성을 검토했다. 실제로 상대 앞에서 실수 없이 정확하게 설명했다.

그런데 뭔가가 예상했던 것처럼 매끄럽게 돌아가지 않는다.

여러분은 진짜 중요한 것을 빼먹었다. 상대를 만난다는 것. 상대의 욕구를 이해한다는 것. 욕망을 안다는 것.

여러분은 진정한 관계가 어떻게 이루어지는가를 깜박 잊었던 것이다.

일단, 예상할 수 없는 것에 자신을 열어두어야 한다. 다른 사람이 내가 생각도 못 했던 말을 할 수도 있다. 허를 찔릴 각오를 해야 한다. 그래야만 타자와의 진정한 만남이 이루어진다.

늘 1등만 하는 아이에게 뭐라고 하는 것은 그 아이가 틀린 대답을 해서가 아니다. 늘 남이 원하는 대답만 하는 것도 문제다. 진심을 담아 말하지 않는다면 문제다. 마음에서 우러난 말이 아니라면.

내가 강연을 처음 시작했을 때 친구가 귀중한 조언을 해줬다.

"네가 하고 싶은 말을 최선을 다해 준비해. 그러고 나서 일단 청중 앞에 서면 준비한 원고는 생각하지 마. 그냥 길을 떠나는 기분으로 가는 거야."

시인이자 소설가이자 물리학자였고 정치적 요직에 있기도 했던 괴테가 남긴 문장은 여기서 더 깊이 나아간다.

마음을 열고 걷는 것으로는 충분치 않다. 내가 하

는 일의 의미는 일단 그 일에 뛰어들어서만 발견할 수 있다. 어떤 직업에 종사하겠다 마음먹었으면 실전에 부딪히면서 차츰 거기서 얻는 바를 쌓아나가야 한다. 책을 한 권 쓰기로 결심했다면 실제로 집필을 시작하고서 그 작업의 의미를 이해해나간다.

목표만 뚫어져라 바라보면 과정은 지루해진다. 어서 끝을 봐야겠다, 마침내 목표에 도달해야겠다, 라는 생각밖에 들지 않는다. 얼마나 안타까운 일인가! 과정에서 배울 수도 있을 모든 것을 놓치게 마련이다. 여행이 끼치는 유익은 여행 그 자체에 있다. 그래서 랍비 나함은 이렇게 말했다.

"길을 안다는 자에게 물어보지 말라. 네가 길에서 헤맬 기회를 잃게 되므로."

산책할 때의 명상

산책을 나갈 때 한번 시험해보라.

처음에는 그냥 목표 지점만 생각하고 걷는다. 가

야 한 곳만 보고 걸어가라.

그다음에는 목표 지점을 생각지 말고 걸어보라. 그냥 그때그때의 상황에 집중하라. 걸음을 옮기는 동안 주위에서 보고 듣고 느낄 수 있는 것을 보고 듣고 느끼라는 말이다. 놀라움에 자신을 열어두라. 기꺼이 길을 잃고 헤매보라. 그러한 자세가 여러분을 더욱 행복하게 할 것이다.

철학이라는 해독제

창조적인 싸움

"싸움은 만물의 아버지다."

_헤라클레이토스

○
○
○
●

포기하지 말라

축구는 전 세계에서 가장 대중적인 스포츠다. 우리는 기꺼이 축구로 맞서 싸우고 승패를 겨루는 두 팀을 보기 위해 경기장을 찾는다.

두 팀이 최고의 기량을 보여줄 때 명승부가 이루어진다. 그러한 승부는 굉장히 멋지고 짜릿한 흥분을 자아낸다.

그렇지만 "싸움은 만물의 아버지"라는 헤라클레이토스의 말은 충격적이다.

이 말은 정말로 매사에 싸워야 한다는 뜻인가?

이 말은 폭력적인, 나아가 공격적인 발언인가?

우리가 그렇게 생각하는 이유는, 싸움과 폭력을 곧잘 혼동하기 때문이다. 하지만 그 둘은 완전히 다르다.

다행히 축구 시합에서는 두 팀이 맞서되 한 팀이 다른 팀을 폭력적으로 제압하지 않는다! 그러면서도 선수들은 다행히 결코 싸움을 포기하지 않고 끝까지 최선을 다한다.

하기 싫은 일을 해야 할 때

여러분은 오늘 어떤 싸움을 해야 하는가? 밥 안 먹는 아이들 세 끼 먹이기? 회의 준비? 부부간의 갈등 해결?

그런데 그 싸움을 못 하겠다. 그냥, 짜증만 난다.

싸움에 온전히 뛰어들어야 한다는 것을 일단 받아들이자. 그러면 모든 것이 달라진다, 두고 보라.

모두 것에 대적하여, 혹은 아무나 붙잡고 싸우라는
게 아니다. 파괴하기 위해서가 아니라 여러분이 말하
고 싶은 것, 하고 싶은 것을 보여주기 위해 싸우자. 모
든 일이 늘 쉽지는 않다. 때로는 집요하게 파고들고
미친놈처럼 날뛰어야 활로를 찾을 수 있다.

싸움이 만물을 낳는다. 모든 것은 투쟁을 통해서
겉으로 드러나고 펼쳐질 수 있으므로.

싸움 없이는 아무것도 없다

나는 헤라클레이토스의 이 말이 고대로부터 지금
까지 전해진 말 중에서 가장 인상적이라고 생각한다.
그 이유는 이 말이 정확한 방향을 제시하기 때문이
다. 우리는 갈등이나 투쟁 없이 모든 것이 저절로 나
타나기를 바란다. 그런 바람은 지나치게 순진하다.

우리는 싸움 하면 바로 부정적인 생각부터 한다.
싸움은 어렵고 피곤하다고 생각한다. 하지만 모든
일, 모든 프로젝트, 모든 창작은 보이지 않게 잠재된

것이 얼마나 더 드러나느냐에 달렸다.

여러분이 계약서나 이메일을 작성하는 중이라고 치자. 낱말 하나하나를 재어보고 표현이 적절한가를 확인해보는 과정에서 여러분이 하려는 말이 마침내 드러난다.

긴장과 싸움을 거부하면 우리의 계획이 구체적으로 드러날 가능성까지 거부하게 된다.

그러므로 잠잠히 살아라, 초연해져라, 라고 가르칠수록 무기력을 가르치는 셈이다.

우리를 살아 숨 쉬게 하는 창조적인 싸움에 뛰어들 때, 우리는 행복하다.

싸울 힘을 되찾기 위한 명상

그렇지만 싸워볼 의욕은 어떻게 생기는가? 자신의 근본적인 욕망을 찾으면 된다.

다시 한번 묻겠다.

여러분은 오늘 어떤 싸움을 해야 하는가?

그 싸움을 통해서 해야 할 것, 보여줘야 할 것, 만들어야 할 것을 잠시 시간을 들여 생각해보라. 그러면 싸움이 한결 흥미진진하게 다가올 것이다.

우리 딸내미가 밥을 잘 먹었으면 좋겠는데 무슨 수를 내야 할까?

싸움을 쓸데없고 피곤한 일로만 보지 말고 그 근본적인 의미로 돌아가자. 위대한 축구 선수처럼 싸움에 임하라. 배에 힘을 빡 주자. 에너지를 뿜어내자. 창의적으로. 열정적으로.

한계의 인정

66 인간은 별로 성스럽지 않지만
그 안의 인간다움은 자신에게
성스러운 것이어야 한다. 99

_이마누엘 칸트

○
○
○
●

자신의 인간다움 받아들이기

인간은 별로 성스럽지 않다. 칸트는 이 명징한 사실에서 출발한다.

실제로 우리도 일상에서 확인할 수 있다. 우리는 불완전하다. 우리에겐 한계가 있다. 우리는 때때로 어리석은 짓과 실수를 범한다. 그냥 인정하면 된다.

그렇지만 칸트는 다시 말한다. 우리라는 사람 안의 인간다움이 우리에게 성스러운 것이어야 한다고. 이 말은 뭔가 이상하다.

철학이라는 해독제

칸트는 도대체 무슨 뜻으로 이렇게 말했을까?

막연히 머리로만 생각해서 하는 말이 아니다. 칸트는 우리를 일종의 연습으로 이끈다. 우리 실존의 수수께끼를 건드려보는 연습으로.

우리 안의 인간다움이 도대체 뭘까?

영혼?

이성?

어쩌면 그 찰나의 번득임을 설명할 수 있는 말은 없을지도 모른다.

그래도 괜찮다.

이 문장은, 그 안에서 드러나는 의미로써, 서양사에 지대한 영향을 미쳤다. 단지 인간이라는 이유로 모두가 법적으로 평등하다는 계몽주의 시대의 혁명적 선언의 중심에 바로 이 문장이 있다.

모두 사람임을 잊지 말라

얼마 전에 내 친구가 업무상 실수를 저질렀는데

사장이 그 친구에게 공개적으로 마말을 하고 수모를 주었다. 친구는 어쨌든 자기가 실수를 했기 때문에 계속해서 미안해하고 있었다. 잘못을 인정하는 것은 일단 명예의 문제고, 발전하기 위해서 꼭 필요한 단계다.

그렇지만 가만히 구박만 당할 이유는 없다. 심지어 더 나쁘게는, 자신을 스스로 구박할 이유는 없다. 내 친구도 사람이다. 우리는 모두 사람이다. 희한하게도, 우리는 때때로 이것을 잊는다.

우리 안의 인간다움을 존중하는 것은 일종의 의무다. 매일매일 기꺼이 감당해야 할 의무다.

인간다움을 존중하기 위한 명상

우리는 잘못을 저지른다. 잘못된 행동을 한다. 의무를 다하지 못할 때도 있다.

그럼, 어떻게 해야 하나!

일단, 인정해야 한다. 무엇보다 그게 먼저다. 그

냥 인정하라.

하지만 그래도 아무것도 달라지지 않는다는 것을 기억하자. 칸트의 말은 여전히 유효하다는 것을 생각해보자.

어쨌든 나를 이루는 특징들은 분명히 존재한다. 나의 성별, 나이, 특별한 취향, 그리고 장점과 단점이 있다.

잠시 시간을 들여 그 특징들을 생각해보자.

여러분이 한 일 중에는 자랑스러운 것도 있고 후회되는 것도 있다.

그런 것들도 찬찬히 시간을 들여 생각해보자.

그래도 여러분의 존재에서 근본적인 것은 달라지지 않는다. 이 번득임, 우리의 고유한 인간다움은 끄떡없다.

그 인간다움을 인정하라. 존중하라. 그것은 존중받을 만하다.

그리고 좀 더 깊은 의미로 들어가면, 그 인간다움이 우리에게 의무를 부여한다.

여러분은 돈이 많다든가 친절하다든가 금발에 푸

른 누이라는 이유로 존중받아서는 안 된디. 단지 인
간이라는 이유로 존중받아야 한다.

얼마나 마음 놓이는 일인가.

철학이라는 해독제

순응하지 않는 나르시시즘

> **“도덕은 나르시시즘의
> 지극히 대담한 행위다.”**
>
> _루 안드레아스 살로메

○
○
○
●

순응주의를 거부하라

　루 안드레아스 살로메는 20세기 사상사에서 독보적인 영역을 확보한 인물로 흡사 소설과도 같은 삶을 살았다.

　살로메는 스물한 살에 니체를 만났다. 니체는 곧바로 살로메를 열렬히 사랑하게 되었다. 살로메는 서른일곱 살에 열네 살 연하의 라이너 마리아 릴케와 사랑에 빠졌다. 쉰 살에 이른 1911년에는 지그문트 프로이트와 친구가 되었다.

살로메는 그렇게 위대한 철학자와 시인과 정신분석학의 아버지를 차례로 만났다. 그렇게 사상사의 세 거인과 깊은 대화를 나누어보았기에 현대인에게 부족한 것이 나르시시즘이라고 이해했던 것이다. 예나 지금이나 나르시시즘이 너무 부족하면 사람이 약해지고 온갖 조종에 함부로 휘둘리게 된다.

우리는 나르시시즘을 매우 부정적으로 보는 이데올로기를 주입받았기 때문에 이 사실을 모른다. 나르키소스(수선화)는 자기중심적이고 교만하고 자기 생각밖에 안 하는 인물의 대명사가 아닌가.

하지만 봄에 맨 먼저 피는 꽃의 이름이 어떻게 그런 못된 심보를 가리킬 수 있겠는가?

희한하지만 서양의 역사에서 나르키소스는 결코 자기 자신을 너무 사랑한 나머지 죽은 존재를 상징하지 않는다.

나르키소스는 야만과 거짓을 거부할 만한 힘을 주는 생명의 개화를 상징한다. 나르시시즘은 순응주의에 대한 거부다.

부당한 일을 목격했다면?

아침부터 직장에서 상사가 젊은 여성 인턴에게 부적절한 말을 해댄다. 피가 거꾸로 솟는 것 같다. 상사는 심지어 인턴에게 잔뜩 겁을 주고 있는데 아무리 봐도 직권남용이다. 인턴의 얼굴이 점점 벌게진다. 당장이라도 울음을 터뜨릴 것 같다.

키득거리는 웃음소리가 들린다!

어떻게 해야 할지 모르겠는가? 중간에 나서야 하나? 아무 말도 하지 말까? 망설여진다.

이 지점에서 나르키소스에게 돌아가야 한다. 자신을 되찾아야 한다. 자기 생각을, 자기가 본 것을 믿어야 한다. 이건 아니지, 라고 말할 수 있는 힘을 내야 한다.

예나 지금이나 항거하는 자들은 자신의 즉각적인 안전을 생각지 않고 비겁함의 벽에 맞서기 위해 자기를 충분히 믿고 신뢰해야 했다.

루 안드레아스 살로메가 옳게 보았다.

"도덕은 나르시시즘의 지극히 대담한 행위, 본보

기가 되는 모험이다."

그래서 우리 안의 나르시시즘을 죽이면, 우리의 역량을 믿지 못하고, 죄의식을 느끼고, 되레 부도덕, 폭력, 증오가 성행하기 좋다.

나르시시즘을 위한 명상

그렇지만 나르시시스트가 되기는 생각보다 어렵지 않다. 지금의 우리 자신을 온전히 만나는 것부터 시작하면 된다.

여러분 자신을 신뢰하고 살갑게 여기는 마음으로 만나야 한다. 여러분 자신과 연결되어야 한다. 여러분 안에 살아 있는 그것과 연결되어야 한다. 여러분의 내면에서 더 크게 자라고 쑥쑥 뻗어나가고 싶어하는 그것과 연결되어야 한다.

여기까지만 해도 이미 여러분 자신에게 "그래, 그래"라고 말해주는 셈이다. 힘들어하는 아이를 보듬을 때처럼 말이다. "그래"로 충분하다. 많은 말이 필요치 않다. 거칭히게 떠벌릴 필요도 없다. 아이는 안아주면 된다. 하늘로 날아오르는 새처럼 무럭무럭 자라 날개를 펼치게 하면 된다.

철학이라는 해독제

어둠 속의 용기

**❝우리가 인생에서 만나는
모든 용은 우리의 용감하고
잘난 모습을 보고 싶어 하는
공주일지도 모른다.❞**

_라이너 마리아 릴케

○
○
○
●

어떻게 활력을 되찾을 것인가?

용을 무찌르는 기사의 모습을 그림이나 영상으로
본 적이 있을 것이다. 그리스도교 전통에서 이 기사
는 곧잘 성 조지✝로 그려진다. 그러나 이 그리스도교
성인의 모습은 좀 더 고대의 인물상에서 찾아볼 수
있다.

✝ 성 게오르기우스. 로마 군인 출신인 그가 왕국을 그리스도교로 개
종시키고 제물이 된 공주를 구하기 위해 용을 물리쳤다는 전설이 있
다. -옮긴이

그리스 신화에서 아폴론은 왕뱀 피톤을 죽였다. 이집트 신화에서 호루스는 거대한 독사 아페피를 창으로 찔렀다.

바그너의 오페라「니벨룽의 반지」 4부작에서도 전설의 보물을 지키는 용을 무찌르는 젊은 영웅 지크프리트를 볼 수 있다.

하지만 이 용이라는 기묘한 동물은 무엇을 상징할까?

문명을 세우기 위해 굴복시켜야만 하는 지하 세계, 깊은 수렁과도 같은 그 세계를 상징한다.

하지만 용을 죽여야만 하는 것은 아니다. 때로는 길들이기만 하면 된다. 소녀가 용을 줄로 잡고 있다. 이 소녀는 가장 원초적인 앎과 순수를 상징한다. 영혼의 앎. 소녀는 시원적인 것을 파괴하기보다는 이해해야 한다는 것을 안다.

빛의 지배를 위해서는 우리 안에 깊이 파묻힌 것, 우리를 겁나게 하는 것을 완전히 없애기보다는 길들여야 한다. 어둠에도 어둠의 활력이 있다. 어둠의 생명력이 있다. 지레 겁먹고 그걸 박탈해버리기는 너무

이깝다.

릴케는 통찰력 있는 시인답게 이 신화를 읽어내는 놀라운 방법을 제안한다.

"우리가 인생에서 만나는 모든 용은 우리의 용감하고 잘난 모습을 보고 싶어 하는 공주일지도 모른다."

맞서지도 피하지도 않는다면?

여러분은 지독히도 괴로웠다. 여러분은 배신당하고, 괴롭힘당하고, 멸시당했다.

어떻게 할까?

첫 번째 답. 정면으로 맞선다. 지금 작동하는 폭력이 여러분을 포함해 모든 것을 부숴버릴지라도.

두 번째 답. 난관을 피한다. 외면한다. 나는 못마땅하게 여기지만 요즘 유행하는 표현을 쓰자면 '놓아버리는' 것이다.

자기계발서나 심리서는 대개 이 두 접근 중 하나

를 제안한다. 그런데 릴케는 우리에게 다른 방향을 제안한다. 상처받은 것이 아물고 변화될 수 있도록.

용기를 끌어내기 위한 명상

어떻게 할까?

자신의 고통에 다가가야 한다. 고통을 인정해야 한다. 용을 만나야 한다.

그러자면 용기가 필요하다.

그래야만 하는 이유는, 살면서 때로는 공주의 도움을 받아야 하기 때문이다. 공주는 여러분 자신의 순수, 여러분의 선한 마음이다.

여러분 안의 공주가 고통에 다가가 눈길을 준다. 공주의 도움으로 우리는 깨달을 것이다. 상처받은 것을 인정하면 그때부터 아물고 좋아진다는 것을.

명상의 가장 참된 의미가 여기에 있다. 인생의 고통이나 어려움과 완전히 새로운 관계를 맺는 것이다.

문제가 아예 생기지 않게 한다는 처방과 비법은

많다. 하지만 그런 것에 의시하면 우리의 가능성을 다 발휘할 수 없고, 삶의 깊이가 사라진다. 공주는 나타나지 않고, 우리가 용감하고 멋있는 모습을 보일 일도 없을 것이다.

철학이라는 해독제

세 잔 의 사 과

66 세상에 우리가
　거만하게 굽어볼 만한 것은
　하나도 없다. 99

_올가 세다코바

○
○
○
●

자신에게 말하는 법

내가 여러분을 고압적으로 대하면 여러분은 영
기분이 좋지 않을 것이다.

어쩌면 마음에 상처를 입을지도 모른다.

하지만 왜 그런 걸까?

위에서 내려다보는 사람은 상대를 결코 만나지
못한다.

그럴 때 존재의 깊이, 풍부함, 독특함 등은 부정
당한다.

이런 일은 매일 일어난다. 고압적인 시선 아래 놓여 있는 사람은 너무도 많다. 그들이 느끼는 폭력성은 우리가 으레 말하는 것보다 훨씬 심하다.

사물과 존재를 바라보는 법

보잘것없는 사물도 주의를 기울여 바라보아야 한다. 시작은 거기서부터다.

사과를 예로 들어보자.

지나가면서 쓱 보는 게 아니다. 위에서 대충 한번 보는 게 아니다.

하필 사과를 예로 든 이유는 사과를 바라보는 법을 알려준 안내인, 어느 화가가 있기 때문이다.

그 화가의 이름은 폴 세잔이다.

세잔은 일생을 두고 자기 이전의 어느 화가보다 열심히 사과를 그렸다. 그는 주제를 잘 드러낼 수 있게 다양한 시점에서 바라봤을 뿐 아니라, 마치 전에는 전혀 몰랐던 사물인 것처럼 사과를 바라보았다.

그는 깊은 애정과 지속적인 관심으로 사과에 오롯이 주의를 기울였다.

나는 현대 미술이 한 알의 사과가 단순한 과일이 아니라 인간다움을 깊이 경험할 기회라는 것을 세잔이 발견한 순간 탄생했다고 생각한다.

미술 평론가 마이어 샤피로는 세잔의 사과에 그야말로 충격을 받았다. 그는 세잔에게 사과는 고전파 화가들에게 누드가 차지하는 것만큼 중요성을 지닌다고 말했다. 세잔은 코레조가 벌거벗은 여체를 바라볼 때만큼 애정 어린 눈길로 사과를 바라보았다. 실로 전복적이지 않은가!

수백 년 전부터 화가의 관심은 으레 사과 따위가 아니라 완벽한 육체나 실존의 거대한 문제로 향해야 한다고 생각해왔다.

우리가 잘못 생각했을지도 모른다

한 알의 사과를 통하여 삶, 죽음, 혹은 정의의 진

실에 다가갈 수 있다. 현대성의 위대한 가르침이 여기 있다. 모든 것을 위계 없이 바라보라.

정말로 그렇다. 내가 사과를 주의 깊게 바라보면 사람들을 바라보는 법도 배울 것이다. 주변으로 밀려난 사람들, 압제당하는 사람들, 평소에는 보이지도 않던 사람들. 바라보기 시작하면 모든 것이 중요해지므로.

인사를 건네기 위한 명상

세잔처럼 명상하는 법을 배우자. 여러분이 만나는 모든 것에 인사를 건네보자.

주위를 둘러보라. 저 옷, 저 유리잔, 저 우산을 향하여 속으로 인사말을 건네보라.

그다음에는 그 사물들의 존재감이 나에게 다가오는 대로 받아들이자. 사물들과의 긴밀한 관계로 들어가라.

책상에 놓여 있는 찻잔을 보면서 저 잔이 얼마나

품위 있게 나의 시간에 함께해주었는가 생각한다. 저 잔은 어떻게 되든 상관없는 일개 사물, 쉽게 대체할 수 있는 물건이 아니다. 저 잔은 나의 진정한 친구다.

그리고 이 사람을 제대로 바라보되 얼굴을 뚫어져라 보지 않으려면 어떻게 해야 할까?

내가 그 사람과 연결되어 있음을 느끼면 된다.

철학이라는 해독제

색 이 주 는 감 동

“ 색은 인간의
감각적 배경을 뒤흔든다. ”

_앙리 마티스

○
○
○
●

사물 대신 그 사물의 색만 보기

이 문장의 함의를 온전히 이해하기 위해 이런 연습을 하자. 주위를 둘러보면서 오로지 색깔에만 주의를 기울여보라.

일반적으로 우리는 색을 건성으로 본다. 사물을 쓱 보고 그게 무엇인지 알았으면 그걸로 끝이다. 초록 잎이 무성한 나무를 봐도 그냥 나무로구나 한다.

이제 초록색만 보자. 색이라는 개별적 성질에만 집중하라.

색이 색으로서 생생하게 존재하도록.

그 초록이 여러분 삶의 감각적 배경을 뒤흔드는 것을 경험하라. 색은 이제 우리와 별개로 존재하지 않는다. 색이 일으키는 전율은 우리의 존재 전체에 전해진다.

이 연습은 겉으로 보이는 것보다 훨씬 큰 의미가 있다.

감동의 순간을 확장하는 법

공연이나 음악, 혹은 사람과의 만남에서 오는 감동을 마지막으로 느꼈던 때가 언제인가?

그 감동을 좀 더 넓고 깊게 경험할 수 있는 방법이 있다.

감동은 대개 피상적인 경험에 그치기 쉽다. 아름다운 저녁놀을 보고 감동한다든가, 선물을 받고 감동한다든가.

감동은 순간이고, 때로는 느꼈는지 느끼지 못했

는지도 모르게 넘어간다.

마티스는 우리를 진정한 변모의 경험으로 초대한다. 그는 아무렇지도 않게 수백 년 전부터 존재했던 철학의 구조를 뒤흔든다. 우리는 너무 오래 그 구조 안에서 살아왔기 때문에 그로 인한 혼란을 의식할 수조차 없다.

실제로 우리는 색을 본질적이지 않은 것, 부수적인 것으로 생각하는 데 익숙하다. 우리는 단지가 파란색인지 초록색인지는 중요하지 않고 단지라는 사실만 중요하다는 듯이 생각한다.

우리의 감정은 중요하지 않고 이성적으로 추론하는 의식만 중요하다는 듯이 생각한다.

그런데 이러한 생각은 우리가 얼마든지 다다를 수 있는 차원을 한껏 누리지 못하게 방해한다.

이 색은 참 기분 좋다, 이 색은 정말 예쁘다, 라는 발견이 중요한 것은 아니다. 마티스가 우리에게 가르쳐주고 싶었던 것은 그런 게 아니다.

그는 색이 우리에게 깃들고, 우리를 변화시키고, 우리를 관통하는 경험을 말하고 싶었던 것이다.

스웨터를 고를 때의 명상

다음에 스웨터나 스카프를 새로 장만하게 된다면 색깔에 집중해보기 바란다. 색이 제시하는 경험에 주목하라. 색의 감동에 여러분 자신을 맡겨보라.

이 경험은 실로 독특하다. 색은 완전히 물리적이거나 감각적인 것은 아니지만, 완전히 두뇌 활동의 결과인 것도 아니기 때문이다. 색은 우리가 평소 간과하는 존재의 또 다른 차원을 건드린다.

나는 마티스의 문장에 깃든 중대한 비밀을 말할 수 있다. 색이 영혼 깊은 곳을 건드리고 뒤흔들게 놓아두라. 색이 우리를 움직이게 하라. 그로써 우리는 가장 순수한 기쁨에 도달할지니.

색이 우리 안에 들어오게 하라. 생명이 우리를 채우게 하라.

여러분은 존재의 기쁨을 되찾는 가장 빠른 길을 발견한 것이다.

마티스의 말은 내가 이 책에서 옹호하고자 하는 다른 지혜의 근본적인 의미를 밝혀준다. 이 지혜는

생의 격렬함으로부티 자신을 보호하지 않고 뇌레 그
격렬함을 찬양한다.

철학이라는 해독제

말 랑 말 랑 한 마 음

66독창성을 발휘하고 싶다면
인간이 되어라.
요즘은 그런 사람이 없다.99

_막스 자코브

○
○
○
●

어려움의 승화

니체는 말년에 광기에 빠지고 말았다는 이유로 이따금 조롱당한다. 버지니아 울프는 자살했기 때문에 역시 사정이 비슷하다. 모네는 시력 문제로「수련」연작을 윤곽선 없이 그렸다는 말을 듣고, 반 고흐 작품들의 격정적인 색감이 화가의 지병이었던 간질 때문이라는 말도 있다.

사실 그들의 작품에 얽힌 비밀은 그들이 어떤 유의 고통을 겪고 어떤 병을 앓았느냐가 아니라 그들이 자신의 어려움을 어떻게 승화했는가에 있다.

인간이 자기 상처와 다시 연결되고 거기서 인간다움의 교훈을 어떻게 끌어내느냐에 따라 천재가 탄생한다.

우리는 이런 사실을 받아들이기 어려워한다.

영웅이라고 하면 무슨 일이 닥쳐도 끄떡없는 남자, 누구나 꿈꾸는 직업을 갖고 비행기로 세계를 오가면서 완벽하게 손질된 머리 모양을 유지하는 여자를 떠올리는가?

어쨌든 세상은 그런 이미지를 심어주고 싶어 한다. 수많은 전문가, 수많은 담론이 이 거짓에 힘을 보탠다. 다들 우리에게 최고가 되는 법, 언제나 능력을 발휘하는 법, 적대감이나 괴롭고 혼란스러운 생각을 품지 않는 법을 가르쳐주겠단다!

그들을 좇다가는 결국 우리의 인간적인 면에 죄의식을 품게 된다.

자신에게 인간적이기를 허락하라

시인 막스 자코브가 잘 말해주었다.

"독창성을 발휘하고 싶다면 인간이 되어라. 요즘 은 그런 사람이 없다."

하지만 아무도 인간 같지 않을 때 어떻게 혼자만 인간처럼 굴 수 있을까?

절대로 어렵지 않다!

마음을 편히 갖기만 하면 된다. 나는 우리가 얼마 나 심판받고, 검사받고, 지적받으면서 선별당하고 있 는지 깨닫는 것이 핵심임을 알았다.

어떤 임무, 어떤 직위를 위한 선별….

우리가 내면화한 이 시선은 우리에게 어떤 심리 적 동요도 없기를, 어떤 망설임도 갖지 않기를 요구 한다.

마음을 편히 할 때다. 우리 자신에게 인간적이기 를 허락할 때다.

시인의 명상

하지만 어떻게 하라는 걸까? 막스 자코브는 우리에게 이렇게 조언한다.

"명상을 통하여 문학적인 아이디어를 찾는 것이 중요한 게 아니다. 스스로 필수적인 것을 깨닫고, 거기서 감정을 발산하는 것이 중요하다. 감정을 주동자로 세우고 그것이 복부 옆 갈비뼈로 내려가는 것을 느껴야 한다. 영혼은 바로 그 지점, 즉 태양 신경총에 있다."✚

막스 자코브가 맞는 말을 했다. 인간으로서 존재한다는 것은 이 근본적인 초석으로 돌아간다는 뜻이다. 우리의 성취, 성공이나 실패보다 훨씬 중요한 그것으로.

용기가 있어야 그럴 수 있다. 우리 자신의 인간다움을 만난다는 것은 우리가 감동받고 상처받을 수 있

✚ 성 게오르기우스. 로마 군인 출신인 그가 왕국을 그리스도교로 개종시키고 제물이 된 공주를 구하기 위해 용을 물리쳤다는 전설이 있다. ―옮긴이

음을 발견하는 것이므로! 그건 겁나는 일이다.

우리는 이 말랑말랑한 지점에 다가가는 것이 부적절하다고 생각한다. 우리가 더 약해질 것 같아서. 빨리 우리 자신을 차단해야 한다고 생각한다. 단단한 등딱지를 져야 한다. 우리 자신의 마음을 억눌러야 한다.

그런데 실은 그 반대다. 진짜 자기를 만나기 두려워할수록 쩔쩔매게 된다. 우리는 그 두려움 때문에 가식적이고 모질고 난폭해진다.

철학이라는 해독제

결점에 대한 사랑

> **66** 결점에 대해서
> 너무 조급해하지 말라.
> 섣불리 고치려고 하지도 말라.
> 그 결점의 자리에 무엇을 둘 건가? **99**

_앙리 미쇼

○
○
○
●

자신의 결점과 제대로 만나라

자신의 결점을 알면 부끄러워지고 그 부분을 고
치고 싶어진다. 나 자신의 거추장스러운 면을 지우개
로 쓱쓱 문질러 지우고 싶다.

결국 그런 것을 우리는 위대한 지혜라고 생각하
는 게 아닐까? 아주 잘 지워지는 지우개! 나 자신의
짜증 나는 부분을 없애야만 한다.

내 마음에 안 드는 그것에, 지우개를 들자.

하지만 일단 전부 지우고 나면 우리는 뭐가 될

　　　　　철학이라는 해독제

까? 입체감이라고는 없는, 생명력도 없는 밋밋한 존재밖에 되지 못할 것이다.

아니, 그렇게 결점을 전부 벗어던지는 것이 바람직하긴 한가?

그렇지 않다. 시인 앙리 미쇼가 지적한 대로, 결점을 치우면 그 자리에는 무엇을 둘 작정인가?

지우고 고치는 방법으로는 아무것도 해결되지 않는다. 그저 우리 자신에게 해를 끼칠 뿐이다.

"결점에 대해서 너무 조급해하지 말라."

결점과 제대로 만나야 한다. 결점으로 뭔가를 만들어보라. 형상을. 괴물을. 요정을 만들어보라.

아무것도 낳지 못하는 규범들에 묻어가기를 거부한 위대한 예술가들의 가르침이 여기에 있다. 그들은 결점으로 장점, 비결, 기회를 만들 줄 알았다.

여러분에게 결점이 있는가?

잘 됐다!

결점을 살펴보는 것부터 시작하라.

문제는 결점을 사랑하지 않기 때문

어느 상점 계산대에 줄을 섰다. 그런데 줄이 조금도 줄어들지 않는다. 기다리고 서 있는데 점점 더 짜증이 난다.

게다가 자신의 반응이 마음에 안 든다. 차라리 참을성이 없어서 그냥 박차고 나가면 좋겠다. 하지만 그런 생각은 여러분을 진정시키기는커녕 짜증을 더 부추긴다.

참을성이 없으면 더 좋을 것 같다니, 왜 그런 이상한 생각을 할까? 내가 만났던 비범한 인물들은 결코 단점이 없지 않았다. 하지만 그들은 자기 단점으로 뭔가를 만들어낼 줄 알았다.

여러분의 결점으로 인한 문제는 여러분이 그 결점을 사랑하지 않아서 생긴다. 그래서 결점이 더 무겁고 삐걱거리는 것이다. 여러분이 자신의 결점을 사랑하면 결점도 여러분에게 귀한 선물이 된다. 여러분은 자기 안의 경이로운 지혜를 발견할 것이다.

하지만 우리의 결점으로 무엇을 할 수 있을까?

짜증에 대한 명상

일단은 나를 짜증 나게 하는 것이 무엇인지부터 파악해보라. 뭔가가 거슬리는 것이 얼마나 신경 쓰이는지 고스란히 느껴보라. 이 조바심, 이 두려움, 이 불편함, 이 어색함을 얼마나 떨쳐버리고 싶은지 고스란히 느껴보라. 그것들에 대한 분노를 느껴보라.

아마 여러분은 아까보다 훨씬 긴장되어 있을 것이다.

이제 접근을 달리해보자.

여러분의 문제를 마치 노래를 한 곡 듣는 기분으로 만나보라. 호기심과 흥미를 기울여보라. 여러분이 안고 있는 문제의 리듬과 선율을 발견하라. 가령, 조바심이 여러분을 앞에서 인도하는 것을 발견할 수도 있겠다. 영롱하게 빛나며 빙글빙글 돌아가는 조바심이 보일지도 모른다.

이 명상은 자기 자신과의 관계를 편안하게 해준다. 오랫동안 여러분과 여러분의 결점이 끌고 온 전쟁에 종지부를 찍을 수 있다. 여러분의 결점이 그동안 알았던 것과 전혀 다른 모습으로 다가올 것이다.

　너무 다른 모습이어서 알아보지도 못할 것이다. 결점은 더 이상 여러분을 괴롭히지 못할 것이다. 결점이 보물이 될 것이다.

　　　　　　　　　　　철학이라는 해독제

감정의 무게

"묵직하게
    남아야 할 것들이 많지만
    영혼의 장사치들은
    모든 것을 가볍게 만들려 한다."

_넬리 작스

○
○
○
●

억지로 짓는 미소가 아름다울까?

슬픔이나 근심에 젖어 있는데 웃으라는 말을 들은 적이 있는가?

나는 그런 상황이 몹시 불편하다. 부정적인 감정에 빠져 있었던 게 무슨 잘못인 것만 같다.

절로 나는 자연스러운 미소는 아름답지만, 심각해지면 안 된다는 이유에서 일부러 짓는 미소는 결코 아름답지 않다.

나는 어릴 때 매사에 지나치게 진지하다는 말을

많이 들었다. 내가 일부러 그랬던 게 아니라 마음이 쓰이니 어쩔 수가 없었다. 젊을 때는 그런 면을 바꿔보려고도 했지만 잘 되지 않았다. 그 후, 1966년 노벨문학상 수상자인 시인 넬리 작스의 이 문장을 발견했다. 그러고는 모든 것이 원래대로 돌아갔다.

"묵직하게 남아야 할 것들이 많지만 영혼의 장사치들은 모든 것을 가볍게 만들려 한다."

모든 것을 가볍게 만들기. 일견 호감으로 보이는 이 접근이 실은 얼마나 폭력적인지.

모든 것을 유쾌하게 만든다는 것은 유쾌하지 않은 것을 못 봐준다는 뜻이다. 변화하고 바뀌기를 요구하든가, 거부한다는 뜻이다. 그러한 태도 앞에 우리는 무력해진다.

그리스인들이 비극을 발명한 이유

이제 곧 아빠가 될 친구가 있다. 그 친구는 굉장히 불안해한다. 자기는 반드시 행복해져야 한다고 믿는 친구라서 더 그런 것 같다. 하긴, 다들 행복하게 살라는 말만 하지 않나?

그렇지만 쟁기를 소 앞에 둘 순 없다. 먼저 거쳐야 할 단계가 있다. 일단은, 아빠가 된다는 것이 무거운 책임임을 인정해야 한다.

새로운 생명을 낳고 부모가 되는 일이 어찌 가볍겠는가. 책임을 받아들이면서 비로소 진정한 기쁨을 발견할 수 있다. 책임을 부정하고서는 절대 그럴 수가 없다.

그리스인들은 그 사실을 알고 있었기에 비극을 발명했다. 비극은 인간의 참여와 결정이 지니는 무게를 받아들임으로써 인간이 삶의 진실과 맺는 성스러운 관계를 되찾게 해준다.

이 말이 오해를 낳을 수도 있을 것 같다. 상황을 무겁게 만들자는 뜻이 아니다.

뭐든지 가볍게 만들려는 것도, 뭐든지 무겁게 만들려는 것도 문제다. 그러한 자세는 그 일의 진정한 무게를 제거해버린다.

그런데 인간으로서 존재하는 기술은 각 상황, 각

사건을 공정하게 재어보고 가볍게 받아들여야 할 것과 그 무게대로 다루어야 할 것을 아는 데 있다.

감정을 무게대로 다루기 위한 명상

이 기술을 배우려면 우선 여러분이 지금 느끼고 있거나 최근에 겪었던 감정을 제대로 들여다보아야 한다.

천천히 시간을 들여 감정과 만나라.

여러분의 신체에서 그 감정을 가장 직접적으로 느낄 수 있는 부분은 어디인가?

가슴속에서, 배 속에서, 목 안에서 느껴지는가?

만약 여러분의 감정에 형체가 있다면 어떤 모습일 것 같은가?

그 감정은 어떤 감각과 이어지는가? 죄어드는 느낌? 쪼그라드는 느낌? 열이 올라오는 느낌?

어쩌면 그 감정에 이름을 붙일 수 있을지도 모른다. 슬픔? 고독? 애틋함?

우리가 느끼는 감정을 찬찬히 살핌으로써 감정에
제대로 무게를 부여할 수 있다. 더 무겁지도 않고 더
가볍지도 않게.

더 괜찮은 실패

66 이미 시도했다. 이미 실패했다.
그래도 상관없다.
다시 시도하라. 다시 실패하라.
좀 더 괜찮게 실패하라. 99

_사뮈엘 베케트

ㅇ
ㅇ
ㅇ
●

실패의 기술

실패가 두려운가?

실패에 심하게 괴로워하는 편인가?

그렇다면 사뮈엘 베케트의 이 문장은 당신을 위한 것이다.

베케트는 실패를 잘못과 동일시하는 세간의 생각을 완전히 뒤집는다.

넘어지지 않고 걷는 법을 배울 수 있을까?

새로운 것을 배워보고 싶다. 탱고라든가 조정이라든가, 하여간 뭐든지 완전히 처음 배우는 것이었으면 좋겠다.

걸음마를 처음 배우는 아이를 생각해보자. 아이는 한 번 넘어진다고 해서 자기는 영영 못 걸을 거라 낙심하지 않는다. 오히려 그 반대다. 아이는 계속 넘어지면서 차츰 걷는 법을 배운다.

넘어지지 않는 게 제일이라면 아예 일어서지도 말아라. 그냥 체념하고 살아라.

실패하지 않는 데만 집착하면 사람이 무력해질 수밖에 없다.

실패를 받아들여야 성공도 할 수 있다.

그러나 베케트는 단순히 **성공하기 위해서** 실패를 받아들이라는 게 아니다. 그는 우리에게 **좀 더 괜찮게** 실패해보라고 한다.

왜 이런 말을 했을까?

우리보고 내처 실패와 고통 속에서 살라는 건가?

아니, 그런 얘기가 아니다. 그 반대다.

'더 괜찮은 실패'는 '실패의 의미를 깊고 온전하게 깨닫는다'는 뜻이다. '삶의 역동성 자체로 들어가는 법을 발견한다'는 뜻이다.

혹시, 프루스트가 썼다가 지우고 고친 친필 원고를 본 적 있는가?

실패는 참으로 위대한 스승이다!

프루스트는 줄을 직직 그은 문장에 작은 종이를 붙여서 수정을 하곤 했다. 그 종이를 '파프롤(paperolles)'이라고 불렀다. 그는 그런 식으로 여기서 문장을 덧붙이고 저기는 문단을 덧붙이고 했다. 그의 창작 방식은 잘 실패하는 기술이 위대한 작품의 비결이었음을 보여준다.

프루스트는 자기 글을 다시 볼 때마다 뭔가가 잘못된 느낌을 받아서 어떤 대목을 삭제하거나 덧붙이지 않을 수 없었다고 한다. 그는 실패를 극복했다기보다는 그냥 실패 속에서 살면서 처음에 자기가 세웠던 구상을 완전히 바꿔버리곤 했다.

실패를 받아들이기 위한 명상

여러분이 여기까지 책을 읽었다면 실패가 삶의 일부라는 것은 이해할 것이다.

하지만 여러분은 반박하고 싶을지도 모른다. 때로는 실패가 견딜 수 없이 힘들다. 어제 친구를 집으로 초대했는데 큰맘 먹고 준비한 음식을 다 태워버렸다. 창피하고 민망해죽겠다.

무슨 일이 일어나는지 살펴보자.

첫 반응은 분노다. 이놈의 고물단지 오븐 때문에, 혹은 시도 때도 없이 엄마를 찾아대는 아이들 때문에 요리를 망치다니. 그러고 나서는 결국 자기는 요리 솜씨가 형편없다고 결론을 내려버린다.

그러한 접근은 자신의 기분을 더 나쁘게 만든다.

이 사회는 성공에만 주목한다. 우리는 세상일이 늘 우리 마음대로 되지는 않는다는 사실을 받아들이는 법을 배우지 못했다.

약 오르고 성가신 일들을 어떻게 넘어설까?

화를 내거나 낙심하는 식으로 반응하지 말고 자

신의 상처를, 자신의 괴로움을 고스란히 느껴보라. 자신의 연약함을, 자신의 인간다움을 만나는 것이 더 괜찮은 실패다. 여러분은 자신에게 이런 경험과 느낌을 기꺼이 허락하는가? 모든 일이 늘 여러분의 마음대로 되지는 않는다는 것을 받아들일 수 있는가?

철학이라는 해독제

66지성은 생을
자연스럽게 이해하지 못한다는
특징이 있다. 99

_앙리 베르그송

○
○
○
●

생의 깊이를 되찾는 법

이 문장이 위대한 프랑스 철학자가 쓴 것이 아니었다면 농담이려니 했을지도 모른다.

지성이 어떤 점에서 생을 제대로 이해하지 못한다는 걸까?

과장이 지나친 것 같다.

오히려 지성은 우리를 편견이나 일차적인 반응에서 벗어나게 해주지 않는가? 우리가 사는 세상에는 바로 그러한 지성이 부족하다.

철학이라는 해독제

그렇다면 베르그송은 대체 무슨 말을 하고 싶었던 걸까?

"지성은 생을 자연스럽게 이해하지 못한다는 특징이 있다."

이 말을 이해하기 위해 지성이 무엇인가부터 생각해보자.

지성은 질서를 부여하는 것, 정돈하는 것이다. 지성은 다양한 현상들 사이에서 변하지 않는 것, 법칙을 발견한다. 지성이 있기에 일반화가 가능하다.

얼마나 훌륭한가!

이로써 우리의 현실 인식이 발전할 수 있다.

문제는 지성이 이렇게 작용할 때 개인의 실존 속에 있는 고유한 밀도, 지속, 운동이 제거된다는 것이다. 우리가 이 아침 햇살 속에서 살고 느끼는 바와 지성이 질서를 부여한 결과는 동일하지 않다.

달리 말해보자면, 지성은 삶을 희박하게 한다. 우리 자신의 삶을!

일상이 자주 지루해진다면?

지루할 때가 많은가?

그건 여러분이 너무 두뇌로 살고 있어서인지도 모른다.

그렇다, 무슨 말인지 알아들었을 것이다.

예를 들겠다.

식당에 점심을 먹으러 갔다. 이제 막 도착했는데 점심상에 어떤 음식이 올라올지, 무슨 얘기가 오갈지 벌써 다 알 것 같다.

벌써 따분하다. 여러분의 지성이 그날의 점심 식사를 일반화한 것이다.

그래서 토마토 샐러드를 먹어도 진짜 그 맛을 느낀다기보다는 이미 추상화된 맛을 느낀다. 오늘의 샐러드는 지성의 작용으로 여러분이 익히 아는 '샐러드'가 되었을 뿐, 충분히 시간을 들여 음미할 유일무이한 샐러드가 아니다.

생이 좀 더 펄떡펄떡 살아 숨 쉬기를 바란다면 지성을 한쪽으로 밀어놓고 기계적이지 않은 것, 일반화

　　　　　　　철학이라는 해독제

되지 않은 것으로 돌아가야 한다. 여러분의 지각, 여러분의 감정, 여러분의 감각….

물론 지성의 평소 활동에서 벗어나 밀도 높고 유일무이한 경험으로 넘어가려면 노력이 필요하다. 하지만 수고를 들일 가치는 있다!

지성의 활동에서 벗어나기 위한 명상

모든 것을 일단 틀에 착착 집어넣는 이 가공할 지성을 조금 밀어놓기 위해 잠시 명상을 하자.

바로 지금, 여러분이 살아가고 있는 삶에 자신을 열어놓자.

아마 전에는 한 번도 깨닫지 못했던 사소한 것이 선명하게 눈에 들어올 것이다. 전등갓이라든가 카펫의 문양이라든가.

전부터 늘 거기 있었던 전등갓이나 카펫이어도 여러분이 제대로 그 사물을 바라보는 것은 처음일지 모른다.

행복해지고 싶은 사람은 언제나 새로운 그 시선에 자기를 맡겨야 한다.

애 매 성 의 실 현

66 사람은 자기 존재의 애매성을
해소하려고 할 게 아니라
그 애매성의 실현을
받아들여야 한다. 99

_시몬 드 보부아르

○
○
○
●

이제는 일방적이지 않게

아니, 이 문장은 그렇게 만만하지 않다. 따라서 충분히 시간을 들여 이해해야 한다.

애매성은 의미가 여러 개라는 뜻이다. 여러 방향, 여러 면, 여러 성격을 띤다는 뜻이다. 애매성은 일반적으로는 피해야 하는 것이다.

그래서 우리는 일방성을 띠는 한이 있더라도 매사에 하나의 의미를 읽어내려는 경향이 있다. 일방성은 효율성을 확보하기 위해 치러야 하는 대가다.

실제로 정치 담론이나 이데올로기 담론은 불투명성을 제거하려고만 한다. 모든 것을 흑백으로 선명하게 드러내기 위해 다른 색깔들을, 회색 지대를 깨끗이 지운다.

홍보가 엄연한 직업인 시대에, 이건 엄연한 스포츠다!

선택이라는 풍요의 대가

하지만 그런 식으로 애매성을 해소하는 것이 늘 정당한가?

이 문제를 숙고하기 위해 일상의 한 상황을 살펴보자.

우리는 결정을 내려야 한다. 이 사람과 관계를 유지할 것인가, 이사를 할 것인가, 새로운 일을 수락할 것인가에 대한 결정을.

이 결정이 맞는 것인지는 잘 모르겠다. 그런데 우리가 난관이라고 생각한 것이 사실은 기회다.

망설일 수 있다는 것은 자유롭다는 뜻이다.

선택의 여지 없이 오직 한 가지만 가능한 상황은 끔찍할 것이다. 오직 한 사람, 한 집, 한 직업만 가능하다면 망설이고 말고도 없다.

선택할 수 있다는 사실 자체가 우리 삶을 풍요롭게 한다.

하지만 이 풍요의 대가로, 내 행동이 가능한 최선인지는 결코 100퍼센트 확신할 수 없음을 받아들여야 한다.

자유에는 현기증이 따른다. 우리는 곧잘 이 사실을 잊는다.

시몬 드 보부아르는 자유를 각별하게 여겼기 때문에 모든 것을 단순화할 때 따르는 위험을 지적한 것이다.

작금의 이데올로기에 따르면 우리는 차분하게 삶의 모든 것을 통제해야 한다. 그러한 이데올로기는 사실상 우리의 자유를 부정한다. 너무한 일이다!

우리는 오히려 애매성의 한복판에, 다시 말해 개방성과 가능성의 한복판에 머무는 법을 배워야 하기 때문에 하는 말이다.

내 안에서 유머를 발견하는 명상

내 안에서 유머를 발견하는 명상은 특히 귀하다. 이 명상을 어떻게 할까?

유머가 있다는 것은 누구나 내면에는 찰리 채플린이나 버스터 키튼 같은 면이 있음을 인정하는 것이다. 내 안의 그 희극인에게 도와달라고 해야 한다.

새 신발을 한 켤레 샀다. 그런데 며칠 후 신발 가게 앞을 지나다가 다른 모델의 신발을 보게 됐다. 저 신발이 더 좋아 보인다! 저걸 샀어야 했는데 싶다!

여러분 내면의 희극인에게 이 불운한 해프닝을, 이 당황스러운 가능성을 보여주고 이 상황을 웃음의 소재로 삼는 법을 배워야 한다.

매사를 진지하게 받아들이면 애매성을 겁내게 된다. 어떤 상황에서나 즐거워할 수 있는 우리의 가능성을 보라. 우리를 경직시키는 진지한 정신을 잠시 풀어놓을 수 있어야 한다.

상황을 여러 각도에서 보자. 큰 그림을 보자. 그
러면 모든 것이 한결 쉬워진다.

천천히 마시는 커피

66 커피는 다 마신 후에도
다시 곰곰이
생각할 시간을 준다. 99

_거트루드 스타인

○
○
○
●

일상에서 철학하기

이상하다! 어째서 커피 잔을 다 비웠다는 이유로
생각이 깊어질 수 있을까?

우리는 사유를 지적인 숙고와 동일시한다. 일상
의 관심사는 종종 즐길 거리가 되긴 하지만 피상적이
고 평범한 것으로 간주된다.

20세기의 놀라운 시인이자 피카소의 절친이었던
거트루드 스타인은―피카소의 유명한 초상화 중 하
나가 그녀를 모델로 삼았다―그 반대라고 생각했다.

매일매일 하는 행동이 아주 깊은 의미를 띠고 우리 삶을 뒤바꿔놓을 수도 있다.

잠시 쉬어가는 시간을 갖는다는 것

여러분은 지금 스트레스 받는 일이 있다! 내가 하나 제안을 해보겠다. 커피를 한잔 마시자. 꼭 커피가 아니어도 괜찮다. 차 종류나 아예 카페인이 없는 음료를 마셔도 된다.

중요한 것은 느긋하게 시간을 들여 그 한잔을 음미하는 것이다. 단지 그것만으로도 여러분이 시간과 맺는 관계가 달라지기 시작한다.

커피 특유의 향을 맡고 그 풍미를 즐긴다. 커피를 마시는 동안 여러분은 닻을 올린다. 시간 속으로, 깊숙이 들어간다.

달리 말하자면 여러분은 커피를 마시는 동안 커피와 직접적으로 상관없는 뭔가를 하는 셈이다. 여러분은 일상의 염려들에서 빠져나온다. 그렇기 때문에

이 시간이 여러분에게 새로운 아이디어를 불러오게
할 수 있다.

커피를 다 마셔도 그 시간은 아직 조금 더 거기에
있다.

잠시 이렇게 쉬어감으로써 어떤 면에서 모든 것
이 변했다.

이게 중요하다!

몇 분 전만 해도 여러분은 짜증을 내고 있었지만
지금은 아까 같지는 않다. 이제 조금 정신적 여유가
생겼다.

그렇지만 이 깊고 넓은 경험을 흔히들 말하는 '소
확행'과 혼동해서는 안 된다.

소소한 것, 별것 아닌 것을 즐기라는 말이 아니
다. 실존을 바닥부터 꼭대기까지 자유로이 풀어놓는
것이 중요하다.

거트루드 스타인은 파리에 가기 전에 대학에 다
니면서 특히 윌리엄 제임스에 심취했다.

이 미국 철학자는 우리의 의식이 어떤 것인가를
재고했다. 그는 정신의 삶이 비행 상태와 정지 상태

　　　　　　　철학이라는 해독제

를 자유롭게 오가는 새와 비슷하다고 했다. 그리고 인간은 그 두 상태를 갈마들면서 삶의 기쁨을 되찾는다고 했다.

음료를 마시기 위해 잠시 멈추는 동안 여러분은 정신이 돌아온다. 정신의 움직임은 열차처럼 일정한 속도를 내는 것이 아니라 리듬이 계속 바뀌는 춤과 같다.

샤워하는 동안의 명상

휴식이 될 수 있는 것, 다시 말해 시간과의 관계를 바꾸는 활동이라면 무엇이든 이 연습을 적용할 수 있다.

나는 특히 샤워기에서 떨어지는 물을 맞으면서 명상하기를 좋아한다.

따뜻한 물의 기분 좋은 느낌에 나를 맡기고 잠시 일상의 염려들을 잊는다. 샤워를 마치고 나면 내가 달라진 기분, 모든 것이 달라진 기분이 든다.

여러분에게는 어떤 활동이 그러한가? 여러분은 무엇을 하고 났을 때 다시 생각할 수 있는 시간이 열리는가?

철학이라는 해독제

과거를 이해하는 질문

66 현재를 들여다보지 않고는
과거를 이해할 수 없다. 99

_마르크 블로크

○
○
○
●

질문할 수 있어야 한다

20세기 전반기에 살았던 프랑스의 위대한 역사가 마르크 블로크가 남긴 이 문장은 당혹스럽다. 그 이유는 우리가 으레 역사를 과거에 대한 연구로 생각하기 때문이다.

그런데 정말로 찾아야 할 것은 현재와는 다른 시간에 고착된 그 무엇이 아니다. 객관적 과거 같은 것은 존재하지도 않는다.

그래서 놀랍지만 마르크 블로크의 말이 맞다. 과

거는 우리가 던지는 질문들을 따라서만 드러난다. 과거를 사야 할 물건 목록 떠올리듯이 딱 정해진 형태로 알 수는 없다.

우리는 현재 어떤 의문을 던지느냐에 따라서 다른 과거를 만난다.

그래서 역사가의 일은 사실의 기록보다 질문을 던지는 작업에 있다.

개인의 과거도 고정되어 있지 않다

여러분의 삶도 마찬가지다. 그동안 어떻게 살아왔는지 생각해보라.

어릴 적에 아주 힘든 일이 있었다면 여러분의 현재에 비추어 질문을 던져보아야 한다.

가령, 몇 년 동안 그 일이 전혀 생각나지 않았을 수도 있다.

그러다 어느 날 갑자기 그 일이 기억의 표면으로 떠올랐다. 일반적으로 그러한 상기(想起)는 우연히 일어나지 않는다.

알다시피 우리 자신의 개인사도 고정된 것이 아니다. 우리는 자신의 현재에서 출발해 과거를 받아들이거나 그러지 않을 수 있고, 어떤 일화가 떠오르든가 그냥 계속 기억 속에 파묻혀 있든가 할 수 있는 것이다.

마찬가지 맥락에서 우리는 과거의 어떤 사건이나 상처를, 살아가는 동안 늘 같은 방식으로 해석하지는 않는다.

예전에는 그렇게 힘들기만 했던 경험이 현재는 그래도 그만했길 다행이다, 혹은 결과적으로는 이로운 면이 있었다, 라고 달리 생각될 수도 있다.

인간으로서 사는 한, 우리는 자신의 과거와 세상의 과거를 다시 생각하라는 요구와 마주한다.

파리 노트르담 대성당을 위한 명상

여러분도 그랬겠지만 나도 파리 노트르담 대성당

이 불타는 장면을 보고 정신이 아득해질 정도로 충격을 받았다.

하지만 왜 그랬을까?

노트르담 대성당이 완전히 정해진 그 무엇을 나타낸다고, 중세 프랑스의 기념비적 유산이라고 생각하면, 그리스도교인도 아니고 문화재에 대단히 관심이 많지도 않은 사람들이 왜 그렇게 충격을 받았는지 이해할 수가 없다.

마르크 블로크의 문장을 사유의 지렛대로 삼아보자. 노트르담 대성당은 우리에게 무엇을 말하는가? 과거에 무엇을 말했느냐가 아니라, 지금 현재 무엇을 말하느냐를 묻는 것이다.

건축에 조예가 깊지 않아도 이 성당이 높은 곳을 지향한다는 것을 느낄 수 있다. 노트르담 대성당은 그로써 정신적 고양의 의미를 더없이 인상적으로 나타낸다.

노트르담 대성당은 상인들의 교역에서 볼 수 있는 원활한 흐름을 구현하지 않는다. 반대로 공항은 그러한 흐름을 구현한다.

노트르담 대성당은 우리보다 더 큰 무엇, 우리를 초월하는 것을 시험한다. 저마다 그것을 자신의 개인사, 참여, 실존에 맞게 경험할 수 있다.

그 뾰족하게 솟아오른 성당이 불에 타 무너졌을 때, 우리로서는 정신적 고양이 무너진 것이었다.

나만의 감수성

66 그 누구의 감수성도
멸시하지 말라.
각자의 감수성,
그것이 곧 각자의 재능이다. 99

_샤를 피에르 보들레르

○

○

○

●

이성에 대한 믿음

우리는 으레 인간의 고유한 속성 하면 이성을 떠올린다. 이러한 믿음은 아주 오래된 전통에 근거한다. 신체는 하위에 있고 신체의 가장 상부에 위치하는 머리, 곧 두뇌가 한층 더 높은 차원과 연결되어 있다고 생각하는 것이다.

이러한 생각 때문에 교육은 우리가 신체적이고 불명확하고 혼란스러운 감수성을 넘어서서 정신적으로 고양되어야 한다고 말한다. 우리가 명쾌한 개념과 추론의 세계에 다다라야만 한다고 말한다.

그런데 보들레르의 문장은 정반대를 말한다. 감
수성은 불분명하고 눈먼 차원이 아니라 심오하고 유
일무이하며 결정적인 인식이라고 말이다.

내 마음을 나도 모른다

여름휴가를 맞아 여행을 왔다. 매일 오후 해변에
나가기로 마음을 먹었다. 그런데 내가 정말로 나가고
싶은 게 맞나?

내가 아는 여자 친구는 작년 여름에 자신은 가고
싶지 않다는 것을 깨닫고 내심 놀랐다고 한다. 그전
에는 그런 생각을 스스로 허락하지도 않았다. 그냥
가족들이 해변에 나가길 좋아하니까 자기도 당연히
따라 나갔던 것이다.

자신의 기분을 아는 것이 늘 쉽지만은 않다.

자기가 무엇을 좋아하는지 모르는 사람이 너무도
많다.

그들은 귀중한 앎을 놓치고 산다.

보들레르는 우리를 좀 더 깊은 앎으로 초대한다. 감수성은 인식의 한 형태가 아니라 우리를 생으로 향하게 하는 고유한 재능이다.

직업을 선택할 때는 기술적 능력뿐만 아니라 나의 감수성, 내가 좋아하는 것, 내가 즐거워하는 것 등이 반영되어야 한다.

그래서 평소 나는 미래의 의료인을 양성하기 위한 시험이 인간다움, 인성, 고통의 의미를 생각지 않고 수학과 과학 성적에만 초점을 맞추는 것은 문제가 있다고 생각해왔다.

물론 실력 있는 의사가 되려면 지식을 갖추는 것이 중요하다. 그러나 지식은 필요조건이지 충분조건은 아니다. 임상, 진단 역량, 환자의 말을 경청하는 태도, 환자를 대하는 화법 등의 감성적인 요소도 결정적이다. 그런데 왜 이 요소들은 더 이상 고려하지 않는가?

우리의 감수성을 탐색하는 것은 그 자체로 품이 드는 작업이다. 그리고 우리는 이런 연습을 해본 적

철학이라는 해독제

이 별로 없기 때문에 잘 해내지 못한다.

　학교에서는 미술이나 음악 교육 정도만 그러한 역할을 한다. 우리는 음악 시간에 음이 무엇인지, 음이 어떻게 우리 마음을 움직이고 길을 보여주는지 배울 수 있다. 하지만 그러한 교육은 매우 제한적이다.

감수성을 위한 명상

　감수성을 계발하는 법을 익히자. 여러분 주위의 어떤 것이든, 가령 평소 즐겨 먹는 과일도 그 계기가 될 수 있다.

　제철 과일을 조금 마련하라. 그리고 충분히 시간을 들여 그것들의 존재감을 느끼고 음미해보라.

　이를테면 과일을 손으로 잡아본다. 촉감을 느낀다. 다른 과일도 손에 들고 향을 맡아본다.

　과일의 색깔, 껍질의 질감을 충분히 느낀다.

　그러다 보면 여러분의 기분과 상태도 알게 된다. 살구는 먹고 싶어지는데 딸기는 그리 구미가 당기지 않는다든가.

　잘하고 있다. 아주 좋은 출발이다.

　이러한 작은 연습들이 자신의 독특하고 고유한
재능을 발견하는 데 도움이 된다.

　　　　　　　　철학이라는 해독제

놀라워할 줄 아는 능력

❝나는 세계가 존재함에 놀란다.❞

_루트비히 비트겐슈타인

o

o

o

●

세계가 존재함에 놀라워할 수 있는가?

　루트비히 비트겐슈타인은 20세기의 가장 위대한 철학자 중 한 사람이지만 생전에 대중을 앞에 두고 강연을 한 적은 딱 한 번밖에 없다. 그 강연은 윤리학을 다루었다.

　강연을 마무리하면서 그는 강연 내용과는 별개로 자신에게 생의 의미 자체이기도 한 것을 고백했다. 바로 세계가 존재함에 놀라워하는 것이었다.

　당혹스럽지 않은가. 그 이유는 우리가 철학의 작

업이 주로 개념적인 사고에 있다고 생각하기 때문이다. 우리가 잘못 생각하는 거라고, 비트겐슈타인은 말한다.

잠시 하늘을 바라보라

엄정하게 따지자면 이 문장은 아무 의미가 없다. 예를 들어, 나는 어떤 친구가 지구 반대편에 가서 살게 됐다는 소식을 듣고 놀랄 수 있다. 그 일이 내가 예상하지 못했던 것이기 때문에 놀란 것이다.

혹은, 우리 아파트 앞에서 웬만한 양 한 마리만큼 몸집이 커다란 개를 만나고는 깜짝 놀랐다.

달리 말하자면, 우리는 일어날 것 같지 않던 일이나 일어나지 않았어야 할 일이 일어날 때 놀란다.

하지만 세계가 존재함에 놀란다는 말은 뭔가 이치에 맞지 않는 것 같다. 그건 내가 세계가 존재하지 않는다고 상상할 수 없기 때문이다.

이 차이를 경험해보자.

오늘은 하늘이 맑다. 하늘이 흐리지 않고 맑다는 점에 놀라워하자.

이제 하늘이 있음에 놀라워하자

자, 이 두 번째 놀라워하기는 첫 번째 놀라워하기와 차원이 다르다. 두 번째 놀라워하기는, 오직 이 경우에만, 우리가 평소 존재하고 지각하고 사유하는 근본적 방식에서 벗어나기 때문이다.

하늘이 맑다고 놀라워하는 것은 논리적으로 말이 된다. 그러나 두 번째 놀라워하기는 엄밀히 말해 난센스다. 그렇다고 이 놀라워하기의 중요성을 인정하지 않는다는 뜻은 아니다. 비트겐슈타인은 오히려 이 놀라워하기가 더 중요하다고 말하는 것이다.

이 놀라워하기는 생의 의미에 관하여 아주 심오한 것을 이야기한다. 비트겐슈타인은 그것을 윤리라고 말한다. 이것은 개인적이고 내밀한 경험이다.

놀라워하기에 대한 명상

이제 여러분도 세계가 존재함에 놀라워해보자.

이 연습이 여러분에게는 너무 추상적일지도 모른다! 그렇지만 어렵지 않다.

어려운 점이 있다면, 해보지 않은 경험을 해야 한다는 것일까.

그건 마치 내가 여러분이 한 번도 먹어보지 못한 과일 얘기를 하는 것과 비슷하다. 내가 그 과일에 대해서 말을 많이 할수록 여러분은 점점 더 뭔지 잘 모르겠다는 느낌이 들 것이다.

그렇지만 그 과일이 추상적인 대상이 아니요, 여러분도 먹으려면 먹을 수 있는 것이라는 데는 다들 동의할 것이다.

그렇다, 철학은 우리에게 미지의 과일을 맛보게 하는 것이다. 우리의 삶, 우리의 어려움, 그 모든 것을 다른 방식으로 경험하게 하는 것이다.

우리는 완전히 잘못 생각하고 있다.

우리를 새로운 경험으로 초대하는 철학은 추상적

인 듯 보이지만 사실은 그 어떤 것보다 우선 우리와 관련된다. 철학은 우리가 영역과 관점을 바꾸어 진정한 깨달음을 얻게 한다.

지혜로운 조언을 준다는 철학, 실천적이라는 철학은 우리를 과오와 맹목에 가둬놓을 뿐이다. 오히려 그런 철학이 더 추상적이다. 그런 철학은 현실을 전혀 건드리지 못하고 우리의 삶을 완전히 옆으로 제쳐놓는다.

두 철학적 접근의 차이는 세계가 존재함에 놀라워할 수 있는 능력에 있다.

그리고 우리의 존재 방식을 근본적으로 바꾸는 이 모험만이 진정으로 철학적이다.

현실에 닿게 하는 일

66 시는 땅에서
    딱 1밀리미터 떠 있는 공기다. 99

_마리나 츠베타예바

○
○
○
●

계산의 비인간성

오늘날의 현실은 계산과 통계로 제한된다. 상하이 대학 순위 발표는 대학들을 줄 세우고, 실업자들은 실업 곡선으로만 환산된다.

세계의 모습은 이렇게 차츰 통계 그래프들에 가려 보이지 않는다.

광신이라는 것이 으레 그렇듯 이 새로운 형태의 광신도 현실을 일방적이고 고정된 방식으로 읽어내도록 강요한다.

그러한 현실 읽기는 우리를 짓누른다. 그런 식의 읽기를 무조건 따라가다가는 우리가 좀비가 되어버릴지도 모른다. 인간이 아니라 데이터의 합계가 될지도 모른다.

사실 우리가 매일 해내는 것이 다 현실이다. 샤워를 하고, 식사를 하고, 누군가와 대화를 하고, 어떤 요구를 받고서 그에 맞게 대응하고, 건널목을 건너기 전에 좌우를 살피고…. 이런 것은 계산과 상관없지만 존재의 어느 한 차원에 달려 있다.

그러나 여기서 한 발짝 더 나아가야 한다. 현재는 우리가 현재에 대하여 우리를 열어놓으려고 노력할 때만, 우리가 현재를 존재하게 할 때만 존재한다.

젊었을 때 난생처음 브르타뉴 여행을 갔던 기억이 난다. 놀랍게도 그때 나는 아무것도 보지 못했다. 당연히 바다도 .보고 암벽도 보고 푸른 하늘도 보기는 했다. 경치가 기막히게 아름답긴 했다. 하지만 그림엽서 속에 들어와 있는 기분밖에 들지 않았다.

나는 며칠이 지나서야 비로소 경치에 눈길을 준다기보다 내 존재 전체로 감동할 수 있게 되었다.

일에 집중할 수 없다

하지만 관습을, 그림엽서처럼 예쁜 풍경을, 습관을 넘어서 볼 수 있으려면 어떻게 해야 하나?

일을 해야 한다! 그게 비결이다. 현실에 닿았다고 느낄 때 참된 것, 확실하고 구체적인 그 무엇이 주어지기 때문이다.

무슨 말인지 이해하기 쉽지 않을 것이다. 우리는 일 하면 수고스러운 노동, 심지어는 처벌과 동일시하기 때문이다. 그래서 일단은 힘이 들어도 자신을 희생하고 나중에 그 열매를 누리자고 생각한다.

그런데 삶에 열려 있는 일은 결코 그런 것이 아니다. 이러한 일은 자기가 대하는 것을 더욱 성장시키겠다는 다짐 혹은 약속에 근거한다.

이 곡을 멋지게 연주해내기 위해 노력하겠다는 다짐, 정원을 잘 가꾸어 예쁜 꽃을 보겠다는 다짐, 우리 아이를 잘 키워내겠다는 다짐. 이러한 다짐이 일을 하면서도 행복을 느끼게 한다.

열정이 우리를 앞으로 나아가게 한다. 현실을 고

스란히 만나고 제대로 바라봄으로써 우리가 반응하게 한다.

숨통을 틔워주는 명상

마리나 츠베타예바에게는 이런 의미에서 일과 시가 이어져 있다. 시는 우리가 '사물의 비밀'을 발견하게 도와준다. 나는 어릴 적에 할아버지가 일하는 모습을 시간 가는 줄 모르고 구경하곤 했다.

우리 할아버지는 재단사였다. 할아버지는 사물들의 현실에 깊숙이 들어가 있었다. 옷을 지을 때면 얼마나 능숙한 솜씨를 발휘했는지 모른다. 그것이 내가 처음 접한 시였다.

여러분은 어떤가?

무엇이 여러분을 숨 쉬게 하는가?

시는 사소한 것들을, 현재의 순간을 음미하는 것이라고 생각하는 것 같다. 틀렸다고 할 순 없지만, 지나치게 순진하고 한계가 보이는 생각이다. 그런 것이 우리의 숨통을 틔워주진 않는다!

우리는 관례와 습관에, 계산에, 예측 가능한 것에 발목 잡히지 않을 때 숨을 쉴 수 있다. 시가 없으면 현재의 순간은 그저 무겁고 진부하고 따분할 뿐이다.

"시는 땅에서 딱 1밀리미터 떠 있는 공기다."

나 자신에 대한 관심

“ 너 자신을 알라. ”

_소크라테스

○
○
○
●

왜 자기 자신을 알아야 하는가

이 문장은 소크라테스의 사상을 한마디로 요약하는 동시에 서양 철학의 첫머리를 열었다. 소크라테스는 사람들을 만나러 광장에 나갔고 그들이 뭘 하고 사는지 물어보았다.

알키비아데스도 그가 그렇게 해서 만난 청년이었다. 이 청년은 훌륭한 집안 자제였으므로 좋은 직업을 얻고 존경받을 만한 인물이 되어 권력을 쥐고 싶어 했다.

철학이라는 해독제

소크라테스는 말했다. 그래, 알겠다, 이해가 간다. 그런데 너 자신에게는 관심을 쏟고 있는가?

알키비아데스는 이 질문의 의미를 전혀 이해하지 못했다.

물론 당황스러운 질문이기는 하다.

사회는 우리가 열심히 일하기를, 때로는 희생까지 하기를 요구한다. 그런데 이 사람 소크라테스는 우리에게 우리 자신이나 돌보라고 말하지 않는가!

아테네 사람들은 이 때문에 소크라테스에게 단단히 화가 나서 훗날 그에게 사형을 선고한다.

교육은 스스로 생각하는 자유로운 인간이 아니라 노동 시장에서 바로 쓰일 수 있는 유능한 일꾼을 길러낸다. 그 시절의 아테네와 우리의 현 상황이 무척 비슷하게 느껴지는 것은 결코 우연이 아니다.

나를 심란하게 하는 문제

"너 자신을 알라"라는 말은 안타깝게도 그 진정

한 의미에서 완전히 벗어나는 두 가지 오해를 불러일으키곤 한다.

첫 번째 오해는 자신을 알라는 말을 세상과 단절되어 스토아주의자들이 흔히 말하는 '내면의 성채'로 도피하라는 뜻으로 받아들이는 것이다. 이건 아니다! 소크라테스는 세상에서 물러난 은둔 수행자처럼 살지 않았다. 그는 세상일에 더 열심히 참여할 것을 권하면 권했지, 결코 피하라고 하지 않았다.

또 다른 오해는 자기에 대한 관심을 충동과 정동을 다스리라는 뜻으로 받아들이는 것이다. 그런데 소크라테스가 말하는 자기에 대한 관심은 어떤 종류의 자제나 억제가 아니라 자유롭게 풀어주는 태도에 더 가깝다.

소크라테스는 우리를 지혜롭고 차분한 안정으로 이끌기는커녕 삶을 대하는 우리의 입장을 바닥부터 꼭대기까지 뒤흔드는 사람이다.

소크라테스가 여러분에게 말을 건다면 여러분은 마음이 차분한 순간을 살게 되기보다는 심란함을 느끼게 될 것이다.

아니, 벌써 심란해졌는가?

좋은 현상이다! 그것이 철학적 경험으로 들어가는 가장 좋은 방법이다.

그러나 심란함을 떨치고 내면의 평안을 찾는 것이 능사가 아니라면, 이 불편한 마음을 어떻게 해야 할까?

소크라테스의 명상

위 질문에 답하기 위해 소크라테스의 명상을 연습해보자.

플라톤은 소크라테스가 꼼짝하지 않고 가만히 있을 때가 곧잘 있었다고 말한다. 하루는 어느 날 새벽부터 다음 날 새벽까지 부동자세로 서 있어서 모두가 놀랐다고 한다.

소크라테스는 도대체 무엇을 했던 걸까?

소크라테스는 걱정이 있으면 잠시 가만히 머물며 심란함을 가라앉혔다. 단지 그것뿐이었다. 답을 찾으려고는 하지 않았다.

여러분도 소크라테스처럼 오랫동안 부동자세를 유지할 필요는 없다. 그렇지만 그처럼 앎이 없는 상태에 가만히 머물러보라. 모든 입장, 모든 믿음, 모든 정체성보다 근본에 있는 차원으로 들어가보라.

그러면 모든 것이, 정말로 모든 것이 달라질 수 있다!

철학적 사유는 모든 것에 답을 제시하거나 까다로운 지식을 쌓는 게 아니다. 그보다는 지금 나에게 중요한 것을 생각하라는 심란한 요구에 자신을 여는 것이다.

철학이라는 해독제

온전한 집중

" 집중은 모두가 어느 때라도
다다를 수 있는 기적이다. "

_시몬 베유

○
○
○
●

새로운 자극이 필요한 우리의 뇌

주의력의 필요성은 대중 산업이 우리의 집중력을 조각내고 훔쳐가기 바쁜 이 시대에 각별한 울림을 갖는다.

최근의 연구 조사들은 우리가 주의력을 유지하는 시간이 점점 더 짧아져서 9초, 10초 수준밖에 안 된다는 것을 보여준다. 그 시간을 넘기면 우리 뇌는 신경을 끄고 싶어 한다. 새로운 자극, 새로운 신호, 새로운 경보, 새로운 명령을 필요로 한다.

우리는 디지털 기술이 우리의 인식과 관계를 맺고, 나아가 우리의 세계를 더욱 확장해주길 바랐다. 그런데 실제로는 이 기술이 되레 우리의 가능성을 제한하고 있지는 않은가 의심스러울 지경이다.

미국심리학회가 2017년에 발표한 연구에 따르면 미술관에서 한 작품을 감상하는 데 할애하는 시간은 평균 2.8초라고 한다. 이러한 조건에서 작품을 정말로 향유한다는 것은 불가능하다.

상대의 말을 주의 깊게 들어보라

다음에 누군가와 대화를 나눌 때는 그 사람의 말에 주의를 기울여보라.

아, 그렇다, 이게 쉽지는 않다.

사실 우리는 방법을 잘 모른다. 그냥 근육에 힘을 주고 이를 악물고는 **집중하고 있다고** 착각하는 경향이 있다.

하지만 긴장과 집중은 다르다. 중요한 것은 오히

려 자신을 자유롭게 열어두는 것이다.

그러자면 우선 불확실성을 어느 정도 받아들여야 한다.

다른 사람이 우리에게 하는 말을 경청하려면 그가 할 말을 미리 알 수 없다는 것부터 인정해야 한다. 우리는 그러한 상황이 편안하지 않기 때문에 피하려 한다.

신기술은 이 점을 너무 잘 안다. 신기술은 신경과학이 그동안 일궈낸 지식을 바탕으로 우리의 주의력을 자꾸 잡아채고 우리가 더 이상 불확실성을 느끼지 못하게 만든다.

그러나 이 불확실성의 경감에는 함정이 숨어 있다. 그러다 보면 점점 우리 자신의 삶, 우리의 느낌, 우리가 원하는 바와 단절되기 때문이다. 우리는 우리 자신을 상실했다.

희한한 역설 아닌가. 핸드폰을 들여다보고 이 앱 저 앱 열어보는 시간이 많아질수록 나라는 사람은 텅 비어가고 고립된다.

반대로, 상대가 무슨 말을 할지 모른다는 것을 인

정하고 귀를 기울이면 오히려 진정한 관계에 깊이 들어가고 나 자신을 되찾을 수 있다.

나무 한 그루에 대한 명상

그럼, 어떻게 할까?

작은 명상 몇 가지로 주의력을 계발하는 법을 배워보자. 가령, 나무에 대한 명상은 어떨까.

눈에 띄는 나무 한 그루를 찬찬히 바라보면서 그것이 있음에 놀라워하는 것부터 시작하라.

그다음에는 그 나무가 얼마나 유일무이한지를 깊이 느껴보라.

그 나무에 어떤 특별한 점이 있는가?

독특한 형태, 햇살 속에 서 있는 모양새, 색깔….

이제 그 상황의 중심에 여러분이 아니라 나무가 있음을 주목하라!

이러한 경험이 여러분의 기운을 북돋우고 나무를 그 자체로 받아들일 수 있게 한다. 마치 누군가를 받아들이고 그가 하는 말을 들으면서 진정으로 만남을 가지듯이.

집중은 진정으로 모두가 어느 때라도 다다를 수 있는 기적이다.

시각을 바꾸는 구성

"나는 파란색이 없으면 빨간색을 칠한다."

_파블로 피카소

- o
- o
- o
- ●

어떻게 결정할 것인가

파블로 피카소의 이 말은 상황이 여의치 않으면 금세 체념을 한다는 뜻으로 들릴 수 있다.

사실은 그게 아니다.

파란색을 칠할 자리에 빨간색을 칠한다는 것은 단순히 다른 색으로 대체한다는 뜻이 아니라 모든 것을 새로이 생각한다는 뜻이다.

피카소는 그림은 곧 구성이라는 것을 알았다. 다시 말해, 그는 서로 어울리는 요소들을 어떻게 합칠 수 있는지 알았다.

구성은 그 자체가 미술 용어지만 우리도 일상에서 늘 구성을 하고 있다. 우리가 결정을 내릴 때는 다양한 변수를 한꺼번에 고려한다.

가령, 누군가를 저녁 식사에 초대할지, 아이들하고 무슨 놀이를 할지 결정하려면 그날의 날씨를 고려해야 할 수도 있다.

파란색이 없다고 실의에 빠지거나 작업을 중단한다? 그 사람은 매사를 경직된 사고로 받아들이고 있는지도 모른다. 활로는 하나뿐이라고. 그런데 그 활로가 닫혔으니 모든 것이 불가능하다고 잘못 생각하고 있지는 않은가.

실제로는 절대 그렇지 않다. 우리가 미처 검토하지 못했던 가능성은 늘 있게 마련이다.

갑자기 친구가 오지 말라고 한다

진즉부터 여름휴가에 친구네 집에 놀러가기로 했

는데 친구가 집에 누수가 생겼다고, 혹은 아이가 아프다고, 혹은 상을 치르게 됐다고 갑자기 오지 말라고 한다.

계획이 엎어지니 당황스럽다. 어떻게 할까?

피카소를 기억하라.

"나는 파란색이 없으면 빨간색을 칠한다."

애초의 계획을 다른 계획으로 대체하려고 하지 말고 여러분의 여름 전체를 다시 구성해보라. 여러분 자신도 깜짝 놀랄 해결책이 나타날지 모른다.

자유롭다는 것의 의미를 잊고 살다가 돌아오게 되는 셈이므로 그러한 접근은 철학적으로 굉장히 흥미롭다.

우리는 자기 마음대로 하고 사는 것을 자유라고 생각한다. 하지만 짜증이 난다고 누군가에게 소리를 빽 지른다면 내가 소리를 지르고 싶어서 질렀으니 자유로운 걸까? 아니, 그렇지 않다.

우리는 기계적이고 습관적인 행동 전체에서 벗어날 때 진정으로 자유롭다. 자기가 처한 상황을 제대로 바라볼 수 있을 때 자유롭다. 상황과 타협할 수 있

철학이라는 해독제

을 때 자유롭다.

창의성에 대한 명상

이제 이 미묘한 기술을 배워보자.

일반적인 상황을 예로 들겠다. 여러분이 오늘 저녁 식사를 맡아서 준비하거나 중요한 발표 준비를 한다고 치자.

일단은 좋은 아이디어를 찾기 위해 머리를 쥐어짠다. 그러나 금세 벽에 부딪힌다. 도저히 못 해낼 것 같다.

그렇다면 피카소의 조언에 따라 구성을 해보면 어떨까?

그러기 위해서는 일단 상황을 주의 깊게 관찰해야 한다. 주방에 무엇무엇이 있는가? 어떤 식재료와 향신료가 있는가? 그렇게 관찰하다 보면 아이디어가 떠오를지도 모른다. 집에 식재료가 별로 없다면 시장에 가서 제철 먹거리를 유심히 살펴보라.

창의성을 발휘하는 법도 그런 식으로 배울 수 있다. 시각을 바꿔보라. 현실을 이 관점에서도 보고 저 관점에서도 보라. 파란색이 없으면 빨간색을 칠해보라. 그러고서 얼마나 경이로운지 보라.

철학이라는 해독제

목적 없는 산책

“ 현대인은 자신의 의식과
사유의 전통으로
적절하고 의미 있는 질문을
던질 수 없는 시대를 산다. ”

_한나 아렌트

○
○
○
●

수익제일주의가 우리를 위협할 때

한나 아렌트는 우리가 흔히 잘못 생각하는 것을 지적하고 거기서 벗어나라고 촉구한다.

우리는 어떤 사람이 모든 장소, 모든 시간에서 동일한 존재인 것처럼 생각한다. 언뜻 보기에 그러한 생각은 인간적이고 너그럽다.

하지만 그렇게 생각하면 우리가 이 시대를 살기 때문에 겪는 특수한 고통을 발견하기 어렵다.

우리 시대의 어떤 특징이 우리의 사유를 방해하

철학이라는 해독제

는가?

우리의 고통은 계산하고 관리하고 파일화할 수 없는 것들을 실재하는 것으로 간주한다는 사실에서 비롯된다.

나무는 이산화탄소를 흡수한다. 그러나 나무 역시 수익성을 극대화하는 관리의 대상이다. 이 때문에 현재 다양한 삼림이 파괴되고 그 자리가 수익성이 더 높은 단일 경작지로 바뀌고 있다.

동물은 어떠한가?

동물은 칼로리의 저장고다. 죽음의 수용소, 즉 공장식 축사는 생산을 극대화한다.

인간이라고 해서 사정이 다를까?

인간도 최대 이익을 얻기 위해 관리해야 하는 '자원'이기는 마찬가지다.

중세인들은 사정이 달랐을 것이다.

그들에게는 신이 창조한 모든 것이 실재하는 것이었다. 그래서 아시시의 성 프란치스코는 자기 형제들에게 말을 건네듯 나무나 새에게도 말을 걸었던 것이다.

우리는 사정이 완전히 다르다.

번아웃 오기 일보 직전이다

그래서 적합한 질문을 던질 줄 알아야 이해도 할 수 있다. 자, 여러분은 지금 번아웃이 오기 일보 직전이다. 그런 느낌이 온다.

상담을 갔더니 스트레스 관리를 잘해야 한다고 한다.

이런 게 잘못된 분석의 사례다.

문제는 스트레스 관리가 아니기 때문이다. 여러분은 사실 여러분 본연의 모습을 부인하면서 수익성을 극대화하려고 하는 관리자 집단의 피해자다. 그리고 이제 더는 견딜 수 없는 선까지 왔다.

그런 관리자들이 병원에도 있었다가 보험 회사에도 있었다가 항공 회사로도 자리를 옮긴다. 그들에게 직업 특수성 따위는 아무 의미가 없다.

그리고 여러분도 그런 식으로 자기를 관리해야

한다고 그들은 주장한다!

그냥 몰상식한 사람들이다.

산책에 대한 명상

우리는 이미 이 수익 강박의 노예가 되어 있다.

산책만 해도 마찬가지다. 산책은 그냥 하면 되는 지극히 평범한 활동인데도 이제는 이러한 논리에서 벗어나지 못한다.

지금은 어플을 깔면 자기가 몇 보나 걸었고 몇 칼로리나 소모했는지 알 수 있다. 심폐 기능을 확인하는 것도 어렵지 않다.

그런데 여러분은 늘 목표치에서 밑돈다. 목적 없이 발걸음을 옮겼다가 돌아오는 단순한 행복은 온데간데없다.

한나 아렌트가 옳다. 역사적 현실을 고려하지 않는 지혜는 우리에게 도움이 되기는커녕 우리를 파괴할 수밖에 없다.

이것이 현재 일어나고 있는 일이다.

단순하지만 우리에게 오늘날 꼭 필요한 질문을 던지기 위해서 철학이 필요하다.

철학이라는 해독제

창 의 적 인 회 색

> 66 시큼하게 변하는
> 사연을 떨치려고
> 잼 한 병을 건넨다. 99

_프리드리히 니체

○
○
○
●

대결을 피하는 법

니체가 권하는 행동 방식은 당황스럽다.

곤란한 상황에서 공격을 당하는 중인데, 무슨 수를 써서라도 정면 대결은 피하라는 건가.

왜 그래야 하는데?

그 이유는 우리는 그러한 상황에서 자기를 방어한다고 생각하지만, 사실은 상대에게 도리어 매여 있기 때문이다.

누군가가 나에게 욕을 하거나 빽 소리를 질렀다

치자. 나도 같이 욕을 퍼붓거나 소리를 질렀다가는 상대가 드리운 함정에 빠지기 십상이다.

어떤 문제 상황을 이겨내고 싶다면 좀 더 교묘하게 대응할 줄 알아야 한다.

뒤통수를 맞아 화가 나도

예를 들어보겠다. 친구라고 생각했던 사람이 여러분의 뒤통수를 치고 단단히 엿을 먹었다.

어떻게 하면 복수하고 싶은 마음에서 벗어날까?

어떻게 하면 자연스럽게 치밀어 오르는 이 분노에서 벗어날까?

니체는 코앞의 함정에 빠지지 **않는** 것이 중요하다고 생각했다.

하지만 어떻게 해야 할까?

어쨌든 무시당하고 싶어하는 사람은 없다.

아무렴, 그럴 순 없다.

정면으로 맞붙기와 놓아버리기 중에서 양자택일

을 해야 한다는 생각을 버리자.

니체는 좀 더 창의적인 대응을 권한다.

그는 잼 한 병을 건넨다고 했다. 나에게 못되게
구는 사람이 아니라—그렇게까지 호구가 될 필요는
없다!—고약한 상황 자체에 건네는 것이다.

나를 위축시키고 긴장시키고 발목 잡는 상황이
조금 부드러워지도록 잼을 발라보면 어떨까. 상황에
휘둘리지 않고 자유를 유지하는 것이 중요하다.

곤란을 대처하는 자세는 크게 두 가지 유형으로
나뉜다.

저쪽이 흑이라고 하면 나는 백이다. 어떻게 해서
든 저쪽과는 반대되는 입장을 취해야 한다고 생각한
다. 하지만 그럼으로써 저쪽이 만들어놓은 틀에 매이
고 만다.

이 대립 자체에 의문을 던져보면 어떨까? 왜 흑
아니면 백이라야 하나! 미묘한 농담의 차이를 보이
는 회색들이 얼마나 많은데….

순수한 느낌에 대한 명상

여러분이 긴장했거나 짜증이 치밀어 올랐던 상황을 아무거나 떠올려보자. 육두문자를 뱉거나 과격한 행동을 확 해버리고 싶었던 상황, 그런 식으로 빨리 해소하고 싶었던 상황이 있을 것이다.

이제 실망이나 짜증에도 불구하고 뭔가 정말로 즐거웠던 일을 기억해보라. 달콤한 추억, 더할 나위 없는 충족감을 맛보았던 순간을 떠올리는 것이다.

이것이 회한에서 느낌으로 넘어가는 방법이다.

회한이란 무엇인가?

제한하고 곱씹는 반응, 생의 대척점에 있는 반응이다.

그렇다면 여기서 말하는 느낌은 뭘까?

생에 색채와 폭을 부여하는 것, 생을 즐기고 널리 전개하는 것이다.

이제 여러분은 니체가 더 나은 행동 지침 이상의 것, 훨씬 더 근본적인 조언을 제시했음을 알 것이다. 니체는 우리에게 삶을 다르게 이해하라고 권한다. 실

손이 생 그 자체임을, 생을 원망하는 경향을 극복하
고 생을 긍정하는 것임을 이해하라고 말이다.

철학은 우리를 이처럼 심오한 경험으로 초대함으
로써 많은 것을 가르쳐준다.

시 인 의 언 어

**"언어는 진정한 싸움터,
압제의 장이자
저항의 장이다."**

_토니 모리슨

○

○

○

●

언어는 중립적인 소통 도구가 아니다

미국의 위대한 작가 토니 모리슨은 흑인 여성으로 태어났다. 이 작가는 가장 아찔한 폭력의 한 형태가 언어에서 나타날 수 있음을 우리에게 분명히 보여주었다.

나는 독일의 언어학자 빅토르 클렘페러의 책을 읽으면서 그 사실을 깨달았다. 히틀러 집권기에 클렘페러는 숨어서 살아야 했다. 그는 당시 비밀 신문을 발행하고 있었다. 버젓이 자행되고 있는 악을 나치의 언어가 어떻게 은폐하는지 그 지면에서 상세히 분석했다.

나치의 언어는 선전부장 괴벨스부터 거리의 평범한 남자까지, 게슈타포 공직자들부터 유대인 본인들에 이르기까지 누구나 쓰는 언어였다. 클렘페러는 이렇게 지적한다.

"말은 극소량의 비소와 비슷하다. 다들 별다른 생각 없이 삼키고 딱히 무슨 효과가 보이지도 않는다. 중독의 기미는 한참이 지난 후에야 느껴진다."

그래서 나치는 '집단수용소'에 수용된 사람들을 '분자'✚ 라고 부르거나 '제거한다'는 표현을 썼던 것이다. 노동자들을 '풀(full)로 돌린다'는 표현은 또 어떠한가.

토니 모리슨은 아프리카계 흑인이 문학에서 '야생적인', '순수한', '지혜로운', '난폭한' 같은 형용사들과 상투적으로 연결되는 양상을 지적했다. 이 속성

✚ 성 게오르기우스. 로마 군인 출신인 그가 왕국을 그리스도교로 개종시키고 제물이 된 공주를 구하기 위해 용을 물리쳤다는 전설이 있다. -옮긴이

형용사들이 서로 모순적이라는 사실은 중요치 않다. 타인을 알아가는 것보다 분류하고 판별하는 것이 먼저다. 이때 타인의 진정한 사람됨은 부정당한다.

그러나 우리는 언어가 중립적인 소통 도구라고 생각하는 경향 때문에 이 문제를 제대로 보지 못한다. 사실 언어는 치열한 싸움터, 저항의 장이다. 말에 대한 관심은 일종의 정치적 행위다.

우리는 말과 별개로 사유할 수 없다. 말은 사유의 방식을 조건 짓는다. 철학은 이 점을 상기시킬 책임이 있다.

스트레스는 '관리'의 대상이 맞을까?

'스트레스를 관리한다'는 표현을 별생각 없이 많이들 쓴다. 하지만 이 표현은 다분히 우리 시대의 고유한 폭력을 암시한다.

이 표현은 나라는 인간을 회계 관리의 대상인 비축품 비슷하게 취급한다.

사람들이 괴로운 이유는 그들이 스트레스를 관리하지 않아서가 아니다. 오히려 스트레스를 관리하려고 하다가 자기 자신의 인간다움과 단절되었기 때문에 괴로운 것이다.

내가 이런 지적을 하면 말장난하지 말라고 하는 사람들이 있다.

천만의 말씀!

말은 우리를 조종한다. 우리가 감내하는 비인간화의 폭력성을 보지 못하게 한다. 언어에 대한 학술적 존중을 말하는 게 아니다. 언어의 변화를 꾀하는 시인들이나 작가들이 더 나은 말의 언어, 우리의 삶과 경험을 말하기에 적합한 언어를 찾아내는 경우는 결코 적지 않다.

스트레스에 대한 명상

그러면 스트레스를 어떤 단어와 붙여 쓸 것인가? 그 단어가 우리에게 의미하는 바는 무엇인가? 그

단어와 우리는 어떻게 이어져 있는가? 우리는 어디
서 그것을 느끼는가?

내가 여러분에게 그것을 관리하라고 요구한다면
기분이 어떨 것 같은가?

반면, 내가 여러분에게 그냥 그것을 만나보라고,
충분히 느끼고 가라앉히라고 하면 어떨 것 같은가?

고결한 구토

> 66 내가 교육받은
> 온갖 비열함을 다 토해내는 데
> 몇 년이 걸렸다. 99

_제임스 볼드윈

o

o

o

●

강해진다는 것

이 문장은 제임스 볼드윈이 자신의 고통스러운 경험을 사유하면서 얼마나 신랄하게 다짐했는가를 보여준다. 그는 1940~1950년대 미국에서 흑인으로 사는 고통을 이야기했다.

그러나 그의 분석은 우리 모두와 무관하지 않다. 뭇사람들과 다르다는 이유로, 인종 때문에, 성적 지향 때문에, 장애가 있기 때문에, 남성들이 힘을 쥔 세상에서 여성으로 태어났기 때문에, 사회의 지배적 규

준에 맞지 않는 취향이나 열망 때문에 자기가 뭔가 잘못한 것 같은 기분으로 살아가는 사람이 얼마나 많은가.

그런데 이 고통은 심리적인 것이 아니라 정치적인 것이다.

우리는 정치를 대개 추상적으로만 생각하기 때문에 이것이 정치적 고통이라는 깨달음을 놓치기 쉽다. 정치 하면 서로 대립하는 이념들과 견해들을 먼저 떠올린다.

그런데 정치는 때때로 우리의 몸에서 드러난다. 정치는 거짓을 믿게 함으로써 우리에게 흔적을 남기기도 하고 우리를 죽이기도 한다.

나에 대한 타인의 시선을 내면화했는가?

여러분 자신에 대한 타인들의 시선을 내면화하고 그 시선에 상처받는가? 나에 대한 타인의 평가나 판단으로는 어떤 것들이 있는가?

그 시선을 알아차리기 어려운 이유는 우리가 평소 의식하지 않기 때문이다.

당연한 일이다. 우리 인간은 한없이 연약하다. 우리는 폭력을 당하는 와중에도 잘못이 자신에게 있는 것처럼 느끼곤 한다.

부모에게 학대당하는 아이는 잔혹한 현실에 부딪힐 때마다 자기가 잘못해서 이런 괴로움을 당한다고 생각할 수밖에 없다. 엄마에게 버림받은 아이는 자기가 문제라고, 자기는 엄마의 사랑을 받을 자격이 없다고 생각하기 쉽다.

이러한 마음가짐이 성인이 되어서도 그리 달라지지 않을 수 있다. 우리 안의 아이는 완벽해지고 싶어서 늘 무리를 한다. 혹은, 타인을 위해 희생해야만 사랑받고 인정받을 수 있다고 믿는다.

하지만 그러한 노력은 공염불이다. 그래봐야 스스로 자신의 진정한 바람에서 점점 멀어질 뿐이다.

철학이라는 해독제

나의 존엄을 되찾기 위한 명상

그렇다면 도둑맞은 나의 존엄을 되찾으려면 어떻게 해야 할까? 제임스 볼드윈이 말한 대로, 토해야 할 것을 토해야 한다.

구토는 고결한 행위다! 아니, 정말로 그렇다.

상한 것을 비워냄으로써 우리는 다시 존엄해진다. 상한 음식을 먹고 탈이 났을 때는 얼른 토하고 위장을 비워주는 것이 상책이다.

그렇게 해야 몸이 낫는다. 정신의 독에 대해서도 마찬가지다.

아주 특별한 명상, 고결한 구토의 명상에 들어가보자.

이 명상은 어렵지 않다. 자신을 정당화하거나, 해명하거나, 변호하려고 하지 않는 것이 중요하다. 그런 비열함을 비워내라. 내가 소화할 수 없는 것은 소화하지 않기로 하자.

내가 부족해서 문제였다, 내가 뭔가 잘못한 것 같다, 그런 생각은 여러분 자신의 것이 아니다. 비워내

라. 나를 짓누르는 타인의 시선을 내 안에 담을 필요
는 없다.

여러분이 당하는 이 폭력은 여러분의 책임이 아
니다. 여러분은 오히려 거기서 벗어날 의무가 있다.

철학이라는 해독제

나에 대한 신뢰

66 생은 자기를 제대로
   살아내는 자들을 아낀다. 99

_마야 안젤루

○
○
○
●

용기 있는 사람

마야 안젤루는 미국 정치사와 예술사에 한 획을 그은 인물이다. 1993년에 마야 안젤루는 빌 클린턴의 초청을 받아 대통령 취임식에서 시를 낭송했다.

가난한 집안에서 태어난 흑인 여성이 인생의 갖가지 시련을 헤치고 모든 미국인 앞에서 담대하고 용감하고 힘 있게 자신의 말을 들려준 역사적이고 감동적인 순간이었다.

멸시당한 경험이 있다 하더라도

어쩌면 여러분도 종교나 사회 계급이나 교육 수준이 다르다는 이유로 마야 안젤루처럼 사람들에게 멸시당한 경험이 있을지 모른다.

마야 안젤루의 말은 피해자 입장에 머무르며 팔자를 한탄하고 있을 수만은 없다는 것을 보여준다는 점에서 특별한 영감을 불러일으킨다.

시인은 말한다.

"울먹이지 마. 상놈에게 피해자가 근처에 있다는 걸 알리게 되니까. 인류를 위해 뭔가 대단한 일을 해내기 전까지는 죽지 말아야지."

그러니까 이런 말은 그만두자.

"나는 어릴 적에 학대를 받았기 때문에 어쩔 수 없어." "나는 출신이 좋지 않아서 그 자리에 오를 수 없어." "사장이 나를 좋아하지 않으니 승진은 영영 불가능하겠지."

피해자라는 위치에서 우리는 무력해지기 쉽다. 어떻게 해도 달라지지 않을 거라고 체념하기 쉽다.

문은 꽁꽁 닫혀 있고 우리는 고통 속에 갇힌 채 탄식이나 하고 있을 수밖에 없다고.

마야 안젤루의 유명한 시는 이렇게 노래한다.

예쁜 여자들은 내 비결이 무엇인지

궁금해하지.

나는 귀엽지도 않고

패션모델 같은 체형도 아니야.

하지만 내가 말하기 시작하면

그들은 내가 거짓말을 한다고 생각하지.

나는 말하지, 내 비결은

나의 품속에

나의 발걸음에

내 입술의 굴곡에 있다고.

나는 여자

경이로우리만치.

경이로운 여자

그게 나야.

내 존재를 변명하지 않기 위한 명상

우리도 이제 자신의 존재를 변명하지 않는 법을 배우자.

자기가 한 행동을 변명하거나 옳지 않은 일을 두고 용서를 구할 수는 있다. 그러나 자기 존재에 대해서는 그럴 필요가 없다.

내가 어떤 잘못을 저질렀든지, 어떤 불완전한 면이 있든지, 어떤 비난을 받든지, 나라는 존재 자체를 변명할 필요는 없다.

나 자신의 장점을 떠올리면 도움이 된다. 과거에 했던, 단순하지만 선량하고 정의로운 행동을 떠올려 보라. 이웃이나 동료, 혹은 낯선 사람을 도와준 경험이라든가. 어떤 것이든 괜찮다. 그 일을 스스로 자랑스럽게 생각하라.

이러한 앵커링(anchoring)이 우리가 처한 고통스러운 상황을 변화시키고 우리에게 타인과 세상을 위해 좋은 일을 하고 싶은 마음을 불러일으킬 수 있다.

마야 안젤루는 모든 인간은 특별하기 때문에 자

신이 경이로운 여자라고 말한다.

　우리는 꼭 성공하지 않더라도, 단지 자기 자신이기를 허락함으로써, 열렬한 인간다움의 보물을 되찾는다. 그 보물은 우리 한 사람 한 사람 안에 있으면서, 우리를 우리의 가장 좋은 면으로 이끌어준다.

보답과 감사

66 자선이 받는 이에게는
   상처가 된다. 99

_마르셀 모스

○
○
○
●

도덕주의와 좋은 마음은 그만

자선과 너그러움을 권하거나 이타적으로 살라고 하는 말을 심심찮게 들을 수 있다. 남에게 베풀지 않는다고 비판하는 말 역시 심심찮게 들을 수 있다.

하지만 그런 말들이 우리를 방황하게 한다면?

안심해도 된다. 여러분에게 이기적으로 살라고 하는 말이 아니다. 남들에게 무관심하게 살라는 말도 아니다.

하지만 단순하게 물어보고 싶다. 왜 자선이 받는

이에게 상처가 되는 걸까?

왜 우리는 신세 지기를 싫어하는가?

친구가 맛집에서 한 끼 사겠다고 한다. 그래서 술은 내가 사겠다고 했다.

영수증에 나온 금액을 반반 나눠 내는 것과 뭐가 다를까? 다르지 않다. 각자 자기가 받은 것에 상당한 것을 내놓았기 때문이다.

그런데 어느 단체에서 자원봉사를 하는 다른 친구는 왜 이렇게 말하는 걸까?

"내가 살면서 받은 것을 돌려주는 거야. 난 정말 많은 것을 받았어."

그 친구는 뭔가 특별한 일을 하는 게 아니라는 듯이 말한다. 그리고 그것이 그 친구의 진심이다.

왜 우리는 신세 지기를 싫어하는가? 왜 뭔가를 받으면 자기도 보답을 해야 한다고 생각하는가?

우리가 돈과 권력에만 관심이 있다면 그러지 않

을 것이다. 요컨대, 자본 축적보다 중요한 것이 우리에게 있다. 그것은 서로를 연결하는 관계다. 그 관계가 실제로 우리가 살아가는 삶을 더 깊이 이해하게한다.

바로 이러한 이유에서 자선은 상처가 될 수 있다. 보답할 수 없는 것을 받는 자는 고립된다. 그는 그것을 받음으로써 타자와 단절된다. 그는 관계의 조직에닻을 내리기가 어려워진다.

고마움에 대한 명상

직장 동료에게 초콜릿을 선물했다. 그 동료에게 업무 관련 도움을 많이 받아서 평소 고맙게 생각하고있었다. 이 대수롭지 않은 행위도 철학적으로 상당히 의미가 있을 수 있다. 흔히 선물은 이해를 따지지 않고 순수한 의도로 해야 한다고들 하지만 그런 생각은 가식적이다.

여러분이 고마워하는 마음으로 하는 선물이 순수

하지 못하다는 말은 아니다.

여러분은 선물로써 중대한 의미를 전달한다. 나는 당신을 아주 좋게 생각합니다. 당신은 인간관계를 잘하고 있습니다.

우리는 이해관계를 따지지 않는 순수한 사랑과 증여가 중요하다고 생각한다. 그래서 희생이라는 이상에 높은 가치를 부여한다.

하지만 사실 그러한 이상은 가식적이고 기만적이며 병적이다. 순전한 사랑은 없다. 사사로운 마음이 전혀 개입하지 않은 선물도 없다. 그래서 다행이다.

현실 안에서 사는 법을 배우고 우리는 늘 관계로 이어져 있음을 인정할 때다.

그러한 발견은 다양한 결과들로 이어진다. 그 결과들이 현 사회의 폭력의 뿌리를 밝히고 드러낸다. 가령, 일한 만큼 월급만 주면 됐지 근로자가 어떤 사람이고, 어떤 마음가짐이고, 어떤 자질이 있는지는 알 바 아니라는 태도는 분명히 폭력적이다.

그러한 태도는 인격적 존재로서의 근로자를 부정한다. 게다가 이미 여러 연구 조사가 보여주었듯이,

근로자의 번아웃을 예방하는 가장 좋은 방법은 함께 일하는 사람들의 장점을 인정하는 것이다. 줄 수 있어야 한다. 보답할 수 있어야 한다. 감사할 수 있어야 한다.

마르셀 모스가 잘 꿰뚫어보았다.

"자선이 받는 이에게는 상처가 된다."

이 통찰에서 사회, 윤리, 그리고 정치적 차원의 깨달음을 끌어낼 때다. 우리 인간은 관리해야 할 자원이 아니라 관계를 맺고 사는 존재다.

한계 두기

66 에스파냐에 가기만 하면
성을 세우고 싶은 마음이
사라진다. 99

_세비녜 부인

○
○
○
●

몽상의 폐해

'에스파냐에 성을 세우다'라는 표현은 13세기에 나왔다. 당시 에스파냐의 시골 전원에는 성이 전혀 없었으므로 남쪽으로 후퇴하던 무어족은 기지로 삼을 곳을 찾지 못했다.

그래서 이 표현은 실행 불가능하다고 여겨지는 것을 가리키는 관용어구로 굳어졌다.

무슨 일을 하면 좋겠다, 무엇을 가지면 행복해지겠다, 얼마든지 꿈을 꿀 수 있다. 하지만 그러한 몽상

철학이라는 해독제

은 우리를 현실과 단절시키고 비참한 기분을 더욱 부풀릴 뿐이다.

그러한 태도는 어딘가에는 뭐든지 할 수 있는 유모, 우리를 보호하고 돌볼 뿐만 아니라 우리의 모든 문제를 해결해주는 우주적 질서의 유모가 있다는 믿음과 비슷하다.

종교가 때때로 신을 그처럼 단순 유치한 존재로 제시할 수도 있다.

정치사에서는 히틀러나 스탈린이 우리의 모든 문제를 해결할 수 있는 존재로 신격화되었다.

만족을 모르는 끝없는 환상

지금은 핸드폰만 만지작거리면 에스파냐의 성이 눈앞에 나타난다. 이런저런 애플리케이션에서 '삶의 질이 달라지는 꿀템'을 사라는 유혹이나 '이렇게 살아야 한다', '몸무게는 얼마라야 한다'라는 메시지가 난무한다.

그렇지만 요즘 사람들은 옛날 사람들보다 딱히 더 행복하지 않고 오히려 만성적 우울과 고통에 시달린다. 그런데도 우리는 무엇을 가지면, 무엇을 하면 비로소 마음 편히 살 수 있을 거라고 생각한다.

세비녜 부인은 지혜롭게도 이 환상의 구조를 드러내 보였다. 에스파냐에는 성이 없다. 실제로 에스파냐를 보고 나면 그다음부터는 속으로 환상을 품을 일이 없다.

문제는, 어떤 것이 없으면 우리가 안전할 수 없다는 생각 때문에 신기루를 믿는 것이다.

우리가 추구하는 끝없는 환상은 우리를 조금도 충족시키지 못한다. 아니, 오히려 우리의 불안을 증폭시킨다. 그러한 환상은 우리가 우리의 현 상황을 도저히 즐길 수 없게 한다.

충족감을 느끼기 위한 명상

하지만 변화, 성장, 배움을 향한 욕망과 이 환상

철학이라는 해독제

을 어떻게 구별할 수 있을까?

그 차이를 확연히 알고 싶다면 여행을 떠나보라. 여행을 위한 여행을 할 게 아니라, 좋은 여행과 그렇지 않은 여행이 무엇으로 갈라지는지 알아보려고 노력하라.

우리는 대개 어떤 경험을 하고 싶은지 충분한 시간을 들여 생각하지 않는다. 여행을 간다고 하면 현지에서 할 수 있는 건 다 해보고 싶다. 그러니까 베네치아는 이틀이면 다 둘러보고 태국도 일주일이면 충분하다.

여러분에게 충족감을 주는 것은 무엇인가? 미술관 투어? 예기치 않은 만남? 친구와의 재회? 자연속을 거니는 시간? 아무것도 하지 않고 빈둥대기?

이렇게 자기 여행의 범위를 정해두기만 해도 우리는 진정한 만족을 느낄 수 있다. 여행에서의 경험이 완전히 달라질 수 있다.

핵심은 이것이다. 철학자들이 목적성이라고 하는것, 다시 말해 방향과 한계가 여러분의 여행에도 있어야 한다.

그렇나, 한계 누기는 자신을 제한하는 것이 아니라 자신을 정말로 행복하게 할 수 있는 것이다.

철학이라는 해독제

호기심과 불확실성

66 어리석음은
　결론을 내고 싶어 한다. 99

_귀스타브 플로베르

○
○
○
●

호기심 잃지 않기

결론을 낼 필요는 있는 것 같다! 어느 시점에 가면 우물쭈물하지 않고 딱 부러지게 결정을 하고서 다른 일로 넘어가야 한다.

그런데 플로베르는 왜 이런 말을 하는 걸까?

결론을 내려다 보면, 문을 닫으려다 보면, 끝을 내려고만 하면 더 이상 할 말도 없고 생각할 것도 없다. 상황이 딱 거기서 정체된다.

과학이 그 증거다.

과학은 최종 결론을 회피하는 부단한 작업이다. 과학이 내리는 결론은 언제나 잠정적이다. 과학적인 자세는 진리라고 하는 것도 다시 뒤들겨본다. 이러한 자세를 잃어버린 과학은 독단이다.

우주의 생성에 대한 이론들도 결코 최종적인 것이 아니다. 그러한 이론들은 우리 인식의 상태를 반영한다. 그러므로 언젠가는 의심받을 수도 있고, 깊이와 새로움이 더해질 수도 있다.

이렇게 볼 때 결론 내리기는 사유의 중단에 불과하다.

결론을 내려고 하니 폭력이 생긴다

배우자와 대판 싸웠다.

예를 들겠다. 아내가 직장을 그만두고 새로운 일에 도전하고 싶다고 한다. 당신이 보기에는 무모한 결정이고 아내가 일시적으로 기분에 휘둘리는 것처럼 보인다.

당신이 바로 결론을 내리려고 하는 바람에 상황이 껄끄러워졌다. 당신은 아내의 결정이 잘못됐다는 것을 지금 이해시키고 싶다. 그래서 분위기가 험악해졌다. 갈등이 있는 대로 불거졌다.

아내와 화해하고 싶은가?

방법은 어렵지 않다. 자세히 물어보고 아내의 깊은 속내를 들어라. 아내가 무엇에 의욕을 느끼는지 들여다보라.

아내가 간절히 원하는 바가 있어서 그렇게 결정했다는 것을, 그 결정을 인정해야 한다는 것을 알게 될지도 모른다.

자, 철학은 이렇게 부부 싸움을 포함하는 일상의 온갖 상황에 도움이 될 수 있다. 철학은 마음을 살짝 만져주기만 하고 넘어가는 조언을 제공하는 것이 아니라 관계의 **진실** 자체를 드러낸다.

결론을 내리려고 애쓰다가 미움과 폭력으로 치닫기도 한다. 편견, 조바심, 맹목이 개입된 이해를 세계에 그리고 타자에게까지 투사하게 되는 까닭이다. 허다한 정치적, 종교적, 사회적 갈등이 그렇게 설명된다.

철학이라는 해독제

기후 문제라든가 지구의 파괴에 대처하지 못하는 이유도 역시 그렇게 설명된다. 우리는 방향을 수정하지 못하고 있다. 언제나, 여전히, 우리는 습관이 된 행동만 하고 있다.

불확실성에 대한 명상

우리가 변하려면 불확실성 속에서 사는 법을 배워야 한다. 이 때문에 우리에게는 새로운 명상이 필요하다. 개구리 마취하듯 우리를 진정시키고 무감각하게 만드는 명상이 아니라 불확실성에도 버티는 법을 가르쳐주는 명상 말이다.

어떻게 결정을 내려야 할지 모를 때는, 잠시 그 상태에 머물자. 심란한 상태 그대로 있어보라.

빨리 결정을 내리고 싶은 이유가 문제에 잘 대응하기 위해서라기보다는 얼른 불안을 벗어던지고 싶어서임을 스스로 확인하라. 그러면 안 된다. 오히려 좋지 않은 결정을 내릴 수 있다.

지금 일어나는 일에 자신을 열어놓고 주의를 기울여보자. 이 불편함을 버틸수록 더 명확히 볼 수 있다. 그게 진짜 통찰이다.

　그리고 이러한 접근은 여러분이 처음에 생각했던 것만큼 불편하지만은 않다. 정말로 효과적이고 올바르고 다행스러운 행동의 가능성을 열어줄 것이다.

자기 망각

"자기 망각이 현실의 기준이다."

_요한 고틀리프 피히테

○
○
○
●

나 자신을 잊는 순간

피히테는 18세기 말의 중요한 철학자다. 그를 사로잡는 거대한 문제가 하나 있었다. 철학은 인간이 세계, 사물, 타인과 관계를 맺고 있다는 사실을 자주 망각한다. 철학이 이 무서운 암초를 피하려면 어떻게 해야 할까?

피히테는 그런 뜻에서 이런 대화를 썼다.

"네가 책을 읽을 때, 사물을 바라볼 때, 친구하고 이야기할 때, 네가 하는 일, 그러니까 네가 읽고 바라보고 말하고 듣고 있다는 걸 생각해?"

"나는 나 자신은 전혀 생각하지 않아. 그 책, 그 사물, 그 대화를 통해서 나 자신을 완전히 망각하지. 자기가 하는 일에 흡수된다고 할까, 빠져든다고 할까."

피히테의 지적은 아주 중요하다.

우리가 현실과 관계를 맺고 있다는 증거는 나 자신이 뒷전으로 물러난다는 데 있다. 중요한 것은 나 자신이 아니다.

나 자신을 의식한다는 것

그러한 경험을 통해 피히테의 철학을 이해하기 위해 물 마시기 명상을 제안한다.

방법은 아주 간단하다.

물을 한 잔 따른다. 마신다. 됐다!

이제 물을 마시는 자기 모습을 바라보려고, 다시 말해 여러분이 하고 있는 일을 완전히 의식하려고 해보라.

이게 뭔가 싶지 않은가?

답답한 기분이 들지 않는가?

이건 마치 내향성 발톱 같다. 발톱이 밖으로 자라지 않고 살 속으로 파고들면 아프다.

혹시 지네와 달팽이 이야기를 아는가?

달팽이가 지네에게 그렇게 발이 많은데 어떻게 움직일 수 있느냐고 물었단다.

자기가 무엇을 하고 있는가를 지나치게 의식하면 지네는 앞으로 나아가지 못할 것이다.

마음챙김에서 벗어나기 위한 명상

10여 년 전부터 프랑스에서 이른바 '마음챙김' 명상이 일으킨 선풍은 참으로 놀랍다. 도무지 이해를 못하겠다!

마음챙김의 걷기, 마음챙김의 먹기는 엄밀히 말해 고문과 폐쇄다.

내가 특히 놀라는 이유는 내가 30년 전에 처음 접한 명상은 오히려 마음챙김에서 벗어나는 법을 가르쳤기 때문이다.

나의 의식을 뒷전으로 보내자 세계, 사물, 존재가 갑자기 더 크고 넓게 나타났다.

그러한 연습은 기분을 좋게 한다. 자기를 잊는 것이 핵심이다.

조산사로 일하는 한 여성이 내게 이런 말을 한 적이 있다.

"일을 하다 보면 스트레스가 굉장히 심할 때가 있어요. 몸이 두 개라도 모자랄 지경으로 바쁘고 정신없을 때가 있죠. 그런데 희한하게 응급 상황에서만 발동하는 뭔가가 있어요. 그럴 때는 몸짓과 행동이 저절로 일어나는 것처럼 군더더기 없이 착착 이루어지지요."

이 말에 다 들어 있다.

우리는 모두 비슷한 경험을 해보았을 것이다. 왜 그런지, 어떻게 된 건지도 모르지만 일이 저절로 이루어지는 것 같은 경험을. 그냥 상황이 우리를 끌고

가는 듯한 경험을. 나는 그런 경험에 진짜 행복이 있다고 생각한다.

철학이라는 해독제

지옥으로 내려갈 용기

**" 지옥으로 내려가는 자만이
사랑하는 이를 구한다. "**

_쇠렌 키르케고르

○
○
○
●

오르페우스의 아름다운 용기

덴마크의 철학자 키르케고르가 남긴 이 문장은
인류의 역사에서 가장 아름다운 신화로 손꼽히는 오
르페우스 신화를 떠올리게 한다.

오르페우스는 이전에 아무도 해내지 못한 일을
했다. 혼인날 뱀에 물려 죽은 사랑하는 여인 에우리
디케를 찾으러 저승에 내려간 것이다.

그가 그렇게 할 수 있었던 이유는 아름다운 시의
언어로 지하 세계의 수호자들마저 사로잡았기 때문

이다.

다른 문명에도 비슷한 인물들이 존재한다. 가령, 길가메시도 저승에 내려갔지만 그의 목적은 불멸을 얻는 것이었다.

그런데 오르페우스는 오직 사랑 때문에 그런 일을 했다. 사랑이 그에게 감히 고통과 공포 속으로 들어갈 용기를 주었다.

키르케고르는 오르페우스뿐만 아니라 우리 모두가 자신의 인간미를 확인하기 위해서는 지옥까지 내려가야 한다고 말한다.

버티고 통과해야 할 지옥

예를 들어보자. 여러분의 자녀가 학교에서 괴롭힘당하는 것을 알게 되었다.

이런 상황에서는 차분하게 마음을 가라앉히는 것이 능사가 아니다. 그래서는 아무것도 해결되지 않고 정신적으로도 더 피폐해진다.

사실은 평정심을 유지하라는 말 따위가 우리를 더 불행하게 한다. 그런 말이 우리를 더 심각하게 소외시킨다.

아들이 울면서 학교에 이제 안 가겠다고 할 때 여러분은 가슴이 찢어진다. 당장 아들을 위해 지옥에라도 내려갈 준비가 됐다. 사랑하는 이를 구해내야 할 때는 눈에 뵈는 게 없다.

사랑하는 이는 우리가 깊이 마음에 두는 모든 것에 대한 은유다. 모욕당하고 괴로워하는 내 아이일 수도 있고, 맹목적인 산업화에 위협당하는 인류일 수도 있고, 매일매일 이익의 극대화에 파괴당하는 지구일 수도 있다.

내가 이 신화에서 눈여겨보는 대목은 지옥에 내려가는 이유가 그곳에 머물기 위해서는 아니라는 것이다.

고통 속에 머물기 위해서, 마조히즘이 도져서 지옥에 가는 것이 아니다. 지옥은 그저 지나가야 하는 곳이다. 이건 완전히 다른 얘기다.

왜 이 점을 짚고 넘어가는 걸까?

철학이라는 해독제

우리가 맞닥뜨리는 어려움은 버티고 통과해야 할 지옥일 뿐, 우리가 추구하는 것은 아름답게 빛나는 사랑하는 이라는 것을 잊지 말자.

용기를 내기 위한 명상

그러나 지옥을 통과할 용기는 어떻게 낼까?

자신의 두려움을 만나는 것으로 충분하다. 사실은 무섭지만 아주 단순한 일이다. 용기 있는 사람은 두려움을 모르는 사람이 아니라 두려움에 부딪히고 괴로워할 각오를 한 사람이다.

비겁한 사람은 아예 두려움을 원치 않는다. 아들이 괴롭힘을 당하는 현실을 두려워하고 알고 싶지 않은 자, 그래서 뭔가 찜찜한데도 상황을 외면하는 자 말이다.

그러므로 용기는 벌거벗겨질 각오를 하고 열심히 현실을 마주한다는 의미다. 현실을 부정하지 않고 기꺼이 싸운다는 의미다.

자신의 따뜻한 마음을 외면하지 말고 한껏 끌어 안아보라.

철학이라는 해독제

진실된 느낌

“증거들이
진실을 메마르게 한다.”

_조르주 브라크

○

○

○

●

사랑은 증명 이상이다

우리 시대의 선입견 중 하나가 참다운 것은 증명의 대상이고, 그러한 증명은 증거들로 뒷받침된다는 믿음이다.

우리는 진리나 진실을 들먹이면 대번에 과학과 법의 영역을 떠올리게 되었다.

수사관은 재판에서 진실을 드러내기 위해 증거들을 수집한다.

그런데 그러한 영역에 속하지 않는 진리나 진실

철학이라는 해독제

도 있다. 우리는 그것들을 때때로 소홀히 여기거나 아예 부정한다.

화가 조르주 브라크는 그 점을 잘 알고 있었다. 그림은 때때로 흡족하게 그려지지 않고 몇 번이고 다시 작업해야만 한다. 잘되리라는 확신은 없다. 좋은 그림이 되리라는 증거들을 수집한다는 것은 원래 불가능하다.

그렇다고 좋은 그림이 존재하지 않는다는 말은 아니다. 화가라면 누구나 작업을 이끄는 그 무엇을 느낄 수 있다.

기준이 뭘까?

일단 회화의 고유한 요소와 관련된 기준들이 있다. 색채의 작용, 형태의 조화, 구성의 적확성, 공간감, 마티에르(질감)….

하지만 작품이 마음을 건드리는 방식도 중요하다. 대작은 조형적으로만 훌륭한 게 아니라 보는 사람의 마음을 건드리고, 나아가 충격을 주어야 한다. 어떤 식으로든 보는 사람에게 살아 있음을 느끼게 해야 한다.

그림만 그런 게 아니다. 우리의 삶과 관련된 모든 것이 그렇다.

당신이 나를 사랑하는지 알고 싶다. 그러나 이 의문을 완벽하게 풀어줄 증거 따위는 존재하지 않는다.

그렇다고 해서 사랑의 진실이 존재하지 않는 것은 아니다.

있는 그대로 경험하기

예를 들어보겠다. 여러분은 지금 괴롭다. 부모님의 병이 깊기 때문이다.

생물학적, 사회적, 종교적으로 설명을 찾아보지만 괴로움이 가시지는 않는다. 우리는 모든 문제의 원인을 설명할 수 있는 사람들을 알고 있다. 하지만 그 사람들이 어려움을 더 가볍게 해주지는 않는다.

그러니 이유를 찾고 분석할 생각은 그만두라. 증거를 수집한다고 도움이 되진 않는다. 그 반대라면 모를까.

철학이라는 해독제

그보다는 슬픔의 진실을 온전히 경험하라. 부모님이 편찮으셔서 마음이 아프다면 있는 그대로 아파하라.

그러면 모든 고통을 해소해야 할 필요는 없음을 알게 될 것이다. 때로는 우리에게 일어나는 일을 있는 그대로 받아들여야 한다.

나의 경험, 나의 느낌이 진실됨을 아는 것만으로도 마음이 가벼워진다.

진실된 느낌을 위한 명상

가장 내밀하고 가장 중요한 것에 대해서는 증거들이 진실을 메마르게 할 뿐이다. 그냥 자기 경험을 믿고 받아들여야 한다.

미술품이나 음악을 감상할 때도 마찬가지다. 여러분에게 드는 느낌 그대로를 경험하라.

그 경험에 깊이 들어가라. 경험의 성격과 진실성을 두루 살펴보라.

그렇다, 브라크가 말하는 진실은 증명 가능한 차원에 있지 않다. 그러나 그 진실은 분명히 우리의 실존에 관여한다.

그렇다, 조르주 브라크가 옳다.

"증거들은 진실을 메마르게 한다."

❝ 이 연무(煙霧)와 파도 밖으로
너의 배를 몰고 가라. ❞

_아리스토텔레스

○
○
○
●

도덕주의에 매몰되지 않은 도덕

아리스토텔레스는 자신이 도덕에 부여하고 싶은 의미를 드러내기 위해 호메로스의 이 문장을 인용했다. 도덕에 대한 아리스토텔레스의 사유는 실로 빼어나다.

도덕은 우리가 오늘날 흔히 생각하듯 규범이나 계명을 따르는 것이 아니라 일종의 항해술이다.

그 기술은 극과 극에 있는 두 가지, 즉 연무와 파도를 피해 배를 모는 기술이다. 바람과 해류를 이용

해서 때로는 오른쪽으로, 때로는 왼쪽으로 빠져나가야 한다.

비겁하지도 않고 공격적이지도 않게 "싫다"고 말하려면 어떻게 해야 할까?

지나치지도 않고 모자라지도 않게 말하려면?

대학에 다닐 때는 이도 저도 아닌 뜨뜻미지근한 접근은 딱 질색이었다. 철학이 좀 더 자극적인 것이기를 기대했다.

지금은 어디서나 중용을 추구하는 것이 더욱 용감한 자세라고 생각한다.

지금은 중용이 찬물과 더운물을 섞어 미지근한 물을 만드는 것 같은 극과 극의 중간이 아님을 알게 되었다. 이 균형은 아찔하리만치 절묘하다. 숨이 멎을 만큼 아름다운 몸짓을 구사하는 무용수의 균형, 모든 세부 사항을 참고해서 진단을 내릴 줄 아는 의사의 균형이다.

우리 삶에 설명서는 없다

여러분이 친구에게 차마 알리기 힘든 소식을 전해야 한다.

난감해 죽겠다. 친구가 상처받을 것 같아서 감히 입을 뗄 수가 없다. 어떻게 하면 되는지 누가 알려줬으면 좋겠다. 누가 설명서라도 줬으면 좋겠다.

하지만 그런 건 없다. 이건 민감한 상황이다.

아리스토텔레스가 우연이라고 말한 것을 인정해야 한다. 세계는 프로그래밍된 것이 아니다.

조금 편한 말로 해보자. 생각지 못했던 골치 아픈 일들은 일어나게 마련이다. 그런 일들은 괴롭다. 인정해야 한다. 그래도 인정을 하면 일단 첫발은 뗀 셈이다.

세상 모든 일이 수월하고 순탄하기만 하면 우리는 역설적으로 불행해질 것이다.

무엇보다도, 우리는 무력해질 것이다.

삶은 결정의 연속이다.

다시 말해, 요동치는 물에서 항해하는 법을 배워

야 한다. 세상은 완벽하지 않기 때문에 우리가 보완하면서 살아야 한다. 더 낫게 행동하려고 노력해야 한다.

사실, 여러분은 어떻게 행동하는 것이 가장 이상적인지 절대로 확실히 알 수 없다. 그건 문제가 아니다. 산다는 것은 방정식 풀이가 아니다.

항해술에 대한 명상

좋다, 그런데 어떻게 할까?

비결은 상황을 좀 더 주의 깊게 살피는 것이다.

친구에게 말하기에 가장 좋은 때가 언제일까?

어떤 방식을 취할까?

나 혼자 가서 말할까, 다른 친구를 데리고 나가서 말할까?

이런 식으로 하나하나 질문을 하면서 항해의 기술을 발견해야 한다.

아리스토텔레스는 우리를 선악의 대립에서 끌어

내어 극단에 치우치지 않는 아름다운 균형을 찾게 한
다. 그로써 우리에게 유연함과 명민함을 가르친다.

사랑으로 돌아가는 따뜻한 마음

66 사랑은 절대로 자연스럽게
소멸하지 않는다.
사랑은 우리가 그 원천으로
돌아갈 줄 모르기 때문에
죽는 것이다. 99

_아나이스 닌

○
○
○
●

경이롭고 신비한 사랑의 기술

사랑도 낡게 마련이라고 하는 사람들이 있다. 익숙해지고 습관이 되면 다 지나간다고. 사랑의 강렬함은 한순간이라고. 사라질 수 있는 거라고.

헨리 밀러와 앙토냉 아르토의 친구였던 불같은 여성 아나이스 닌은 그렇지 않다고 생각했다. 쉽게 말해보자. 사랑은 즉각적인 상호 희열이 아니다. 사랑을 쾌락과 동일시하는 것은 잘못이다.

우리는 사랑을 명석하고 지혜로운 행동으로 보기

철학이라는 해독제

를 포기했다. 이건 말이 안 된다. 사실, 아직도 지배적인 시각은 지나치게 감상적인 착각에 근거해 있는 것 같다. 사랑을 기분 좋은 가벼운 즐거움으로만 생각하는 것이다.

하지만 그 생각은 잘못되었다.

사랑은 시험, 그것도 아주 어려운 시험이다. 우리 삶 전체를 요구하는 일이다. 사랑이라는 일은 우리를 근본적으로 행복하게 한다.

억지로 사랑하는 대신 열려 있기

정말 사랑하지만 뭔가 소통이 잘 안 되거나 편안하지 않은 사람을 떠올려보라. 그 사람은 여러분의 자녀일 수도 있고, 배우자일 수도 있고, 부모님일 수도 있다.

한탄이나 회한에 빠지기보다는 사랑하는 법을 배울 때다. 사랑을 일부러 힘을 들여야 하는 일로 생각하면 마음이 불편할 것이다. 사랑이 억지로 되지 않는다는 것도 여러분은 잘 알 것이다.

하지만 안심하라. 억지로 사랑하라는 얘기는 아니니까. 그렇다면 사랑하는 법을 배우라는 게 무슨 말일까?

항상, 적절히, 열려 있어야 한다는 말이다.

엄마도 아들을 사랑하는 법을 열심히 배울 수 있다. 엄마라면 애가 태어나자마자 완벽한 사랑을 줄 수 있다는 환상은 집어치우자. 아나이스 닌의 말대로 원천으로 돌아가는 법을 배워야 한다.

어떻게 할까?

원천, '샘'의 이미지가 시사하는 바가 있다. 샘은 가만히 고여 있는 물이 아니라 끊임없이 새로 솟아난다는 말이다. 샘물은 우리에게 아무것도 묻지 않고, 우리가 받아들일 준비가 됐는지 확인하지 않고 늘 변함없이 솟아난다. 샘물은 우리가 은행 계좌 관리하듯 그 흐름을 관리할 수 없다. 우리가 샘을 향해 열려 있어야 한다.

감정을 받아들이기 위한 명상

사랑에도 기술이 있다. 감정을 받아들이는 법을 배우는 몇 가지 명상을 통해서 그 기술을 익힐 수 있다. 이 명상은 생각보다 어렵다. 우리는 늘 통제력을 유지하고, 상황을 지배하며, 감정에 휘둘리지 않고 싶어 하기 때문이다.

그래도 노력해보자. 여러분의 자녀, 배우자, 부모님을 다시 생각하라. 그 사람에 대한 감정을 받아들이라. 그 사람이 여러분을 짜증 나게 하든지, 가슴을 뭉클하게 하든지. 그 감정이 어떤 것이냐는 중요하지 않다.

됐다.

중요한 것은 여러분 자신의 따뜻한 마음을 만나는 것이다. 바로 그 마음에서만 여러분은 사랑의 원천으로 돌아갈 수 있다.

다시 인간이 되기 위하여

"아무것도 안 하고 싶다. 이미 아무것도 안 하고 있지만 더욱 격렬하게 아무것도 안 하고 싶다."

몇 년 전, 모 카드 회사가 내세운 이 광고 문안은 한 배우의 심드렁한 표정과 절묘하게 맞아떨어져 많은 이들의 웃음과 공감을 자아냈다. 하긴, "학교 가기 싫다"와 "회사 가기 싫다"라는 말을 입에 달고 사는 K-학생과 K-직장인에게 '번아웃 증후군'은 어쩌다 찾아오는 권태기라기보다 차라리 일상에 가깝지 않을까.

우리가 이토록 하얗게 불태운 기분으로 살아가는 이유는 그냥 인간답게 살기가 너무 힘들기 때문이다. 우리에게 주어진 환경은 우리가 불완전하고, 변덕스럽고, 시행착오를 거치며 살아가게 내버려두지 않는다. 인간은 자신을 제외한 자연은 물론, 자연의 일부인 자기 자신마저도 끊임없이 통제하고 개발해왔다. 모든 것은 '관리'의 대상이다. 원래대로라면 자연스러운 생존 반응이었을 스트레스조차 이제 반드시 '관리'해야 할 것이 되었다.

하지만 세상에는 우리가 관리할 수 없는 것도 있다. 가령, 감정은, 사랑은—이 책을 쓴 저자의 표현을 빌리자면—'샘'이다. 꼭지만 돌리면 흐름을 조절하거나 잠글 수 있는 수돗물이 아니다.

이 때문에 현대인은 자연스러운 집중도, 자연스러운 방심(放心)도, 자연스러운 긴장도, 자연스러운 이완도 힘든 삶을 살고 있다. 그래서 모두가 시도 때도 없이 '힐링'을 원한다. 끊임없는 통제와 관리 속에서 살아가기 때문에 무엇에 의지해야만 이완을 할 수 있고, 그런 탓에 나를 다소 즉각적으로 풀어주는 것에 중독되기 쉽다. 술, 약물, 담배, 혹은 나의 머리로 생각할 틈을 주지 않는 운동이나 일이나 영상이나 SNS 같은 것에 말이다.

"현대인은 자신의 의식과 사유의 전통으로 적절하고 의미 있는 질문을 던질 수 없는 시대를 산다." 한나 아렌트는 우리 시대의 진짜 비극을 진즉에 꿰뚫어보았다.

끝없는 자기 개선의 요구와 내려놓음 혹은 놓아버림의 요구는 애초에 모순적이다. 그러나 현대인은 하루에도 몇 번씩 이처럼 모순적인 메시지들에 노출된다. 우리는 모두 "힘들다고 그만두면 아무것도 못해"와 "네가 힘들지 않는 게 가장 중요해"라는 메시지들의 이중구속(double-bind) 앞에서 이러지도 저러지도 못하는 어린아이들 같다.

이 책의 저자인 파브리스 미달은 프랑스의 철학자이자 명상 교육자다. 특히 그는 '나르시시즘의 재조명'으로 주목을 받은 저자다. 이기적이고 부정적으로 여겨지기 쉬운 나르시시즘의 긍정적 '승화'라는 발상으로—이 주제는 이 책에서도 루 살로메의 문장을 빌려 한 꼭지를 차지하고 있는데—나를 우선으로 생각하고 나를 사랑하는 태도의 중요성을 일깨워주었다.

나를 우선으로 생각한다는 것은 그때그때 내 기분을 좇아 내가 하고 싶은 것을 한다는 뜻이 아니다. 물론 그래야 할 때도 있다. 그러나 누구나 경험으로 알다시피, 이를테면 어떤 물건은 굉장히 사고 싶어서 산 것인데도 그 충족감이 의외로 오래가지 않는다. 아주 많은 사람이 '한 번도 채워진 적 없는 기분'을 속에 품고 사는지도 모른다. 반면, 죽을 때까지 두고두고 생각날, 잊으려 해도 잊을 수 없는 그런 기분도 있다.

이 책의 저자는 일견 단순한 메시지를 전하는 듯 보이지만 자기가 전하는 메시지의 일관성에 민감하다. 그가 일관되게 주장하는바, 그것은 우리가 다시 인간이 되어야 한다는 것이다.(이 책의 원제 자체가 『다시 인간으로 돌아가기 위한 3분 철학』이다.)

다시 인간이 된다는 것이 무슨 뜻인가? 일단, 인간은 애초에 관리해야 할 자원이 아니다. 우리의 인간다움을 되찾는 것이 목표라면, 관리의 대상이 아닌 자기 자신의 존재를 만나야 한다.

독자들이 이 책을 읽으면서, 또 이 책에서 제안하는 명상 혹은 생각 연습을 하면서 자연스레 깨닫게 되겠지만 다시 인간이 된다는 것은 자신의 불완전함을 인정하고, 자기 자신을 있는 그대로 편하게 받아들이며, 저 홀로 자기 자신이 되려 하지 않고 관계 속에서 살아가는 것이다. 우리는 무엇보다 자기 자신을 위해서 인간이 되어야만 한다.

2022년 7월

이세진

"현재는 우리가 현재에 대하여
우리를 열어놓으려고 노력할 때만,
우리가 현재를 존재하게 할 때만 존재한다."

철학이라는 해독제

초판 1쇄 인쇄 2022년 6월 24일
초판 1쇄 발행 2022년 7월 4일

지은이 파브리스 미달
옮긴이 이세진

편집 윤성훈
교정교열 김정현
디자인 weme design
표지 그림 박유진
마케팅 ㈜에쿼티
제작 ㈜공간코퍼레이션

펴낸이 윤성훈 **펴낸곳** 클레이하우스(주)
출판등록 2021년 2월 2일 제2021-000015호
주소 경기도 파주시 회동길 530-20 402호
전화 070-4285-4925 **팩스** 070-7966-4925 **이메일** books@clayhouse.kr

ISBN 979-11-977684-3-9 (03190)

클레이하우스(주)는 쓸모 있는 지식, 변화를 이끄는 감동, 함께 나누는 재미가 있는 책을 펴냅니다.
저희와 이런 가치를 함께 실현하길 원하는 분이라면 주저하지 마시고 이메일로 기획안과 원고를 보내주세요.